DES OEUFS Frappés...

à Francine
à qui je redis toute
mon amitié,

Paul-J. Bigras

janvier 1987

Paul-François Sylvestre

DES OEUFS
Frappés...

Prise de Parole 1986

Du même auteur, disponible chez le même éditeur:

Penetang: l'école de la résistance. Essai, 1980, 108 pages, broché, 9,95$,
ISBN 0-920814-31-X

La maison Prise de Parole se veut animatrice des arts littéraires chez les francophones de
l'Ontario; elle se met donc au service de tous les créateurs littéraires franco-ontariens.

La maison d'édition bénéficie de subventions du Conseil des Arts de l'Ontario et du
Conseil des Arts du Canada.

Conception de la couverture: 50 Carleton et Associés

Éditions Prise de Parole,
C.P. 550, Succursale B, Sudbury (Ontario) P3E 4R2

ISBN 0-920814-87-5

«L'on a donc vu que
le vin avait conduit à l'ivrognerie,
l'ivrognerie à la prohibition,
la prohibition à la contrebande,
et nous allons voir que la contrebande …
devait conduire le pays à
la plus glorieuse débauche de son histoire.»

Antonine Maillet
Mariaagélas

UN

Chaque vendredi soir, Édouard Marentette prend place à bord du traversier qui effectue la navette entre Windsor et Détroit. Cigarette au bec, cet homme au large paletot se tient debout durant tout le trajet, à l'écart des autres, n'adressant la parole à personne. Réfugié dans la pénombre, ce mystérieux passager a presque l'air d'un boxeur. Mais au moment de débarquer, lorsqu'il passe sous la lueur du lampadaire, on découvre sous sa casquette de tweed un visage émacié, des traits fins, même une délicate moustache. Rien d'un boxeur. Édouard Marentette réussit néanmoins à bien cacher son jeu.

D'un pas rapide il se dirige vers la rue Woodward, marchant droit comme un piquet, se retournant de temps à autre pour vérifier que personne ne le suit. Son trajet est soigneusement tracé et le conduit discrètement, à travers quelques rues transversales, vers son lieu de rendez-vous. Un homme l'attend à l'entrée d'une tabagie. Ils esquissent tous deux un sourire, puis se retrouvent soudainement côte à côte dans une ruelle mal éclairée. La porte d'une petite mais solide remise s'ouvre et Édouard entre, le corps presque plié en deux. Sa silhouette prend alors une drôle de forme.

À l'abri des yeux indiscrets, le grand Marentette enlève son paletot, puis son veston. Le client le regarde avidement, l'eau à la bouche. Sous le veston, en guise de gilet, apparaît une rangée de bouteilles de forme aplatie, insérées dans une série de pochettes retenues à la poitrine par des courroies. Huit précieux contenants de whiskey! L'Américain se lèche aussitôt les babines. Édouard l'observe du coin de l'œil, puis sort une à une les longues et minces bouteilles, les passant fièrement à son client qui dispose le tout dans un coffret.

Pas un mot n'est prononcé au cours de ce petit rituel qui se termine, pour le Canadien, par l'obtention d'une enveloppe bien garnie. Sous la liasse de billets figure l'habituelle note griffonnée en anglais. La commande pour la semaine prochaine est passée. En sortant du petit hangar, Édouard Marentette salue son client en relevant à peine le bord de sa casquette. L'Américain répond en tintant son verre sur une bouteille. Le premier s'esquive et le second se verse rapidement une rasade... ingurgitée d'un seul trait. La gorge en feu, il prend une seconde lampée, puis une troisième qu'il sirote cette fois, assis dans un vieux fauteuil, les pieds sur le coffret renfermant sa provision pour une semaine.

Édouard reprend le chemin en direction du quai, mais sans presser le pas. Il allume une Player's Navy Cut et savoure chaque bouffée. Les bras croisés pour mieux serrer et sentir l'enveloppe débordante de profits, il fixe les pâles lumières de l'autre côté de la rivière et laisse libre cours à ses pensées. Seules quelques notes stridentes provenant d'une lointaine musique le tirent, un instant, de sa rêverie. Le jeune homme avance d'un pas sûr, dansant presque sur la rampe menant au traversier. Son paletot est maintenant ajusté à la taille et révèle une forme svelte, sa casquette est retroussée et laisse paraître une large mèche de cheveux châtains, sa moustache est accentuée d'un sourire narquois, sa démarche est nonchalante, son allure respire l'entière satisfaction, le contentement béat.

Dégagé de son corset de verre, il ne se tient plus debout dans un coin obscur; au contraire, il se mêle maintenant aux autres passagers et s'assoit volontiers parmi eux. Ceux-ci cherchent même sa compagnie tellement il exhibe un parfum de bonheur. Édouard est de ceux que le sort a favorisés. Personne ne lui pose la question comme telle, mais tous estiment qu'il a rendu visite à une petite amie outre-frontière.

Confortablement installé dans son cottage au bord du lac Sainte-Claire, à l'embouchure de la rivière Détroit, Édouard Marentette compte les bénéfices de sa contrebande. Chaque bouteille lui a rapporté dix piastres. Et pendant qu'il caresse ses nouveaux billets américains, un autre *rumrunner*, moins novice celui-là, entasse des caisses de boisson au fond d'un bateau amarré à un quai de fortune près de la Pointe-aux-Roches, quelques milles à l'est du cottage. À la faveur de la nuit, loin des regards importuns, Alfred Dufour conduit ses affaires rondement, le souffle parfois coupé par l'effort qu'exige le transport d'un si grand nombre de bouteilles. Court, large, un peu ramassé sur lui-même, Dufour est un homme qui, dès les premiers abords, affiche une robustesse et une vivacité qui ne trompent point. Sans pour autant chercher noise, il n'aime pas beaucoup être contredit.

Vers deux heures du matin, Alfred conduit sa barque en lieu sûr, dans une petite baie où il attend le signal. Son imagination erre, comme les volutes de son cigare. Pour l'instant, un feu rouge clignote périodiquement sur l'autre rive, directement en face de sa cachette. Il ne bouge pas. Il savoure lentement son cigare. Les policiers patrouillent sans doute aux alentours de son point de chute. Mais cette surveillance demeure ordinairement de courte durée. En effet, le signal est donné vingt minutes plus tard, le feu indicateur passant de rouge à bleu. Dufour dirige alors sa lourde cargaison vers la rive américaine, là où l'attend une équipe d'hommes disciplinés prêts à décharger rapidement quelque quarante caisses de whiskey. Le client, qui a payé d'avance, sera bien servi puisque cette livraison nocturne est de la plus haute qualité. Le contrebandier canadien n'accepte pas, du reste, de lui fournir des produits de deuxième classe. Ça n'en vaut pas la chandelle.

Lorsque l'embarcation d'Alfred est rendue à mi-chemin, un autre bateau stationné plus à l'ouest s'élance également sur les eaux du lac Sainte-Claire, mettant allègrement le cap vers la région maintenant sous patrouille. Des gendarmes vont aussitôt à sa rencontre, assurés de prendre un contrebandier en flagrant délit et de mettre la main sur son butin. Ils ont beau fouiller le petit yacht de fond en comble et questionner un capitaine à la fois accueillant et bavard, qui s'évertue à retenir leur attention le plus longtemps possible, l'opération s'avère infructueuse. C'est un échec pour les agents qui reviennent bredouilles.

Tout au long de cette vaine perquisition orchestrée d'avance par un contrebandier plein d'imagination et de ruse, la vraie cargaison se rend sans problème à bon port et la marchandise est dûment livrée. Ainsi, ingénieusement occupés à fureter ailleurs, les policiers ne troublent pas les affaires d'Alfred Dufour. Celui-ci peut revenir tranquillement chez lui et faire ses comptes.

C'est dans la maison d'une ferme à l'abandon, éloignée des voisins, que l'homme trapu aux yeux perçants s'adonne à des calculs impressionnants. Les sommes faramineuses recueillies au cours des derniers mois s'ajoutent alors à une colonne de chiffres semblables à ceux que seuls les grands banquiers examinent à la fin de chaque trimestre. Pourtant, Dufour ne fréquente pas les banquiers. Leurs institutions ne lui sont guère utiles, surtout lorsqu'il a soudainement besoin de dix ou de vingt mille dollars, à onze heures du soir ou à quatre heures du matin, pour régler une importante transaction. Son système de «réserves privées» est plus pratique, plus efficace, plus secret surtout.

L'expérience et l'âge jouent en faveur d'Alfred. À 35 ans, il fraie déjà avec des clients de haut calibre, de Détroit bien entendu, mais également avec des bonzes de Cleveland et de New York. Son commerce est mené avec fermeté et détermination, il est vrai, mais de partout on estime cet homme à la main de fer. Et pour cause! Dufour sait respecter tous ses engagements. Lorsqu'on l'aperçoit, s'épongeant le front marqué d'une calvitie précoce, on devine un jeune maître ayant plusieurs employés sous sa férule. Mais rien n'est plus faux. Alfred Dufour travaille seul; il compte ni associé ni partenaire, pas encore du moins.

Tandis qu'Édouard Marentette emprunte régulièrement le traversier pour arrondir ses fins de mois et qu'Alfred Dufour augmente son chiffre d'affaires en faisant flotter un nombre croissant de ces caisses si convoitées, Émile Lespérance cherche à se désennuyer dans les rues de Windsor. Ce rouquin de 22 ans est un romantique; il rôde d'une salle de cinéma à l'autre, à la recherche d'une histoire susceptible de faire chavirer son cœur fragile ou de satisfaire sa terrible soif d'émotion. D'une grande sensibilité, Émile écoute attentivement les paroles des vedettes qui défilent par enchantement devant lui sur l'écran de l'Empire Theatre. C'est ainsi qu'il soupire en admirant Katherine MacDonald dans *Passion's Playground*. Et lorsque le jeune Lespérance apprend que Mary Pickford joue le rôle principal dans *The Hoodlum*, il se précipite au Favorite Theatre pour apprécier le talent de l'actrice canadienne. Six fois il débourse trente sous pour le plaisir de la revoir. Six fois il se cale dans un fauteuil, buvant lentement son Cincinnati Cream, se redressant parfois pour donner tout bas la réplique à l'adorable Mary.

11

Après ses matinées ou ses soirées au cinéma, Émile ne rentre jamais directement chez lui. Son esprit rêveur l'amène tantôt à s'arrêter devant les vitrines annonçant les derniers cris de la mode vestimentaire, tantôt à se promener dans les sentiers ombragés d'un parc. L'éveil ardent de son imagination le plonge alors dans un trouble mêlé de désirs et de craintes. Il ne se reconnaît plus. Il a peur. Accélérant le pas, il quitte le parc et, pour se donner une certaine contenance, se met à mâcher une gomme Black Jack.

Lorsqu'il entre enfin chez lui, le jeune homme à la tignasse rousse se plante devant un miroir et reprend les gestes de ses vedettes préférées, y ajoutant davantage de panache. Comme le film *Hayfoot Strawfoot* tient présentement l'affiche, c'est au tour de Charles Ray de se faire imiter par un grand romantique dans un petit quartier de Windsor.

En ce printemps de 1920, Émile Lespérance rêve donc de se retrouver sur scène, admiré d'un vaste public; Édouard Marentette rêve de vendre du rhum et du whiskey à une clientèle accrue; Alfred Dufour rêve de canaliser ses énormes ressources vers une entreprise encore plus profitable. C'est la saison du renouveau, de la renaissance. Et la décennie qui s'ouvre annonce immanquablement une nouvelle ère. Fini le temps où il est interdit d'acheter un cigare ou un cornet de crème glacée le dimanche; fini le temps où il est interdit de pratiquer un sport le jour du Seigneur; fini le temps où il est interdit aux femmes de porter des souliers à talon haut dans les églises.

La seule chose vraiment interdite est la boisson. Mais le fruit défendu demeure toujours le plus convoité. La prohibition n'y peut rien !

DEUX

En Ontario, les premiers signes d'une prohibition s'étaient fait sentir en 1916, au moment de l'adoption d'une loi sur la tempérance. Les bars, clubs et distilleries devaient sur-le-champ fermer leurs portes, et ce, durant tout le temps que durerait la guerre. Ernestine Marentette s'était réjouie de cette mesure qui avait pour effet de sortir son ivrogne de mari des buvettes publiques et d'empêcher son fils Édouard de prendre lui aussi une mauvaise habitude. Avant même la fin de la guerre, on parlait fort d'instaurer une prohibition complète des boissons alcooliques, comme cela s'était produit au Manitoba. Conservateurs et libéraux songeaient sérieusement à adopter une telle politique, même si elle ne ralliait pas toutes les couches de l'électorat. Dans un parti comme dans l'autre, les chefs subissaient l'influence d'un mouvement prohibitionniste prenant chaque jour plus d'ampleur. Sur le coup, Alfred Dufour avait pestiféré contre le Premier ministre William Hearst, un méthodiste qui, selon lui, dirigeait la province comme une église de campagne.

Mais la goutte avait fait renverser le verre — c'était bien le cas de le dire — en 1917 lorsque Hearst accorda le droit de vote aux femmes. En posant un tel geste, le Premier ministre augmentait sensiblement le nombre d'électeurs en faveur de la prohibition. Ernestine Marentette était du nombre, comme la majorité des électrices d'ailleurs. Édouard pouvait l'entendre à cœur de jour maudire l'alcool, d'une part, et vanter les mérites d'un nouveau parti politique, d'autre part. Vêtue d'une robe noire, de bas noirs, de souliers noirs, elle lui rappelait la religieuse enseignante de ses leçons de catéchisme. D'allure maternelle et de parure sévère, Ernestine Marentette demeurait la meilleure propagandiste du Parti des Fermiers unis de l'Ontario. Ce dernier avait pris naissance au sein de la classe agricole qui craignait de voir la paix rurale supplantée par les nombreux maux urbains, l'ivrognerie au premier chef. Selon cette formation politique, il fallait tenir un référendum à travers la province et encourager le peuple des villes et des villages à VOTER SEC.

Alfred Dufour, lui-même fils de fermier, demeurait d'un tout autre avis. Bien que peu enclin à la pratique religieuse, il n'hésitait pas à prendre à témoin son évêque Mgr Fallon qui aurait laissé entendre que la prohibition en soi allait à l'encontre des meilleures traditions catholiques concernant la conscience personnelle. Mais la bataille devait se livrer plus dans le camp politique que dans l'arène ecclésiastique, les Ontariens et Ontariennes étant appelés aux urnes le 20 octobre 1919. Le scrutin comportait aussi un plébiscite sur quatre questions : la révocation de la loi sur la tempérance, la vente de bière dans les magasins du gouvernement, la vente de bière dans les lieux publics et l'instauration de magasins d'alcool pour les autres spiritueux. Ernestine savait qu'il fallait répondre quatre fois NON. Alfred savait qu'il fallait répondre quatre fois OUI.

Le jour même des mises en candidature, le député libéral sortant du comté d'Essex-Nord se retira de la course, à la surprise générale de ses commettants; Sévérin Ducharme cédait plutôt sa place à Georges Tisdelle, libéral d'esprit et candidat officiel des Fermiers unis. Celui-ci l'emporta haut la main, avec une majorité de 1 486 voix, une des plus fortes parmi les membres de son parti. Les Fermiers unis crièrent aussi victoire dans plusieurs autres comtés de la région, notamment dans Essex-Est, Kent-Est, Lambton-Est et Ouest ainsi que dans Elgin-Est et Ouest. Sur le plan du référendum, les prohibitionnistes sortirent grands vainqueurs de cet appel au peuple, une majorité de 238 806 électeurs et électrices votant en faveur du maintien de la loi sur la tempérance. Un plus grand nombre encore se prononça contre la vente de bière dans les buvettes publiques. Grâce au vote des Ontariennes, les deux autres questions rallièrent facilement des majorités de plus de 100 000 voix. Ernestine Marentette jubilait et son fils affichait un air perplexe. Difficile de dire à quoi ce jeune homme pouvait penser...

Des trois partis en lice, les Fermiers unis récoltèrent le plus grand nombre de sièges et furent appelés à former un nouveau gouvernement, minoritaire il est vrai. Leur leader Ernest Drury, lui aussi méthodiste, dut se faire élire lors d'une élection complémentaire, tout comme son procureur général William Raney, un homme d'une grande détermination et d'un courage à toute épreuve. Ce dernier allait d'ailleurs vite devenir le prohibitionniste en chef de l'Ontario.

Édouard Marentette songeait chaque jour à la tournure des événements et mûrissait son plan. Sa mère ne s'occupait pas de lui, ni de son mari qui noya sa peine dans l'alcool, puis son corps dans la rivière Détroit. Alfred Dufour, pour sa part, découvrit aussitôt l'astuce de la situation. Les Ontariens pouvaient toujours disposer d'une réserve de boissons alcooliques pour leur usage personnel; encore fallait-il s'approvisionner d'une source fiable. Le fournisseur le plus accessible demeurait nul autre que le Québec puisque la prohibition n'y avait pas droit de cité. Alfred se frottait déjà les mains, lui qui se rappelait soudainement le souvenir de quelques parents bien avenants dans cette province si hospitalière.

Grâce à la collaboration de trois oncles à Montréal, le neveu d'Essex se mit à recevoir des valises remplies de bouteilles qu'il pouvait revendre sept ou huit fois le prix d'achat. Ces valises arrivaient à bord du train et leur destination ultime était le Michigan Central Depot, d'où s'exerçait un contrôle. Mais Dufour le roublard soudoyait le conducteur pour qu'il fasse un arrêt spécial au cours duquel certains transferts s'effectuaient on ne peut plus rapidement. Ce petit réseau exigeait une certaine mise de fonds initiale, mais engendrait en retour des gains appréciables pour Fredie, ainsi appelé par les gens du réseau de contrebande.

Quant à Édouard, qui disposait de ressources beaucoup moins élevées, il apprit rapidement qu'un mandat de poste de 15 $ acheminé à un bon endroit à Montréal lui permettait d'obtenir une caisse de boisson pouvant se vendre jusqu'à 120 $ chez messieurs les Américains. Ceux-ci ne tardèrent donc pas à faire la connaissance d'Eddie. Sa mère était évidemment tenue à l'écart de ce petit commerce, elle-même ayant élu domicile chez sa sœur et Eddie s'étant trouvé un modeste cottage à bon marché. Petit à petit, les rencontres familiales s'espacèrent, puis s'effacèrent.

Grand adolescent hésitant à vieillir, Émile Lespérance en était encore au stade où se payer une traite consistait à s'offrir un Cincinnati Cream, cette boisson gazeuse au parfum de cerise. Il faut dire que vingt-quatre bouteilles pour 1,75 $... c'est toute une traite ! Entièrement tourné vers la découverte des stars du cinéma, le rouquin n'attachait pas trop d'importance à ces histoires de prohibition qui commençaient à faire les manchettes du *Border Cities Star*. Le journal lui servait uniquement à prendre connaissance des nouveaux films à l'affiche et à noter les horaires de chaque représentation. Les longs articles et les éditoriaux ennuyeux sur les abus de l'alcool ou sur les infractions à la Loi sur la tempérance ne retenaient guère son attention.

Pour Fredie et Eddie, l'année 1919 marquait leur entrée officielle dans le monde de la contrebande, à des degrés divers sans doute, mais néanmoins de plain-pied pour l'un et l'autre. Cette même année 1919 avait aussi été féconde sur le plan de l'actualité canadienne: sir Wilfrid Laurier était mort le 17 février et le Prince de Galles était venu rendre visite aux Canadiens à l'automne, s'arrêtant entre autres à Sandwich, Ford City, Walkerville et Windsor-Est, communément appelées les Villes-Frontières. Sur le plan de la prohibition le Canada avait révoqué sa loi sur la tempérance en vigueur durant le temps de la guerre, invitant les provinces à tenir un plébiscite sur la question si controversée de l'importation des boissons alcooliques.

Fredie se vantait de jouir d'une santé de fer. Pourtant, l'année 1919 l'avait constamment conduit chez le médecin, voire chez plusieurs médecins. Cet homme trapu, fort comme un bœuf, avait accumulé un nombre incroyable d'ordonnances, à un point tel qu'on eut dit qu'il allait mourir d'une semaine à l'autre. En réalité on pouvait difficilement trouver quelqu'un en meilleure forme que ce contrebandier. Dufour savait tout simplement profiter du système. Comme les médecins étaient autorisés à prescrire une dose d'alcool comme médicament ou moyen de soulager la douleur, Fredie devint «malade» sur une base régulière. À en juger par le nombre d'ordonnances émises en 1919, il n'était pas le seul à bénéficier de cette forme de contrebande. Cette année-là, les médecins ontariens prescrivirent une moyenne de 222 remèdes spiritueux par jour!

Il est vrai que la grippe espagnole, à son apogée à ce moment-là, faisait de sérieux ravages et que la croyance populaire voulait que l'alcool puisse guérir de ce fléau. Mais tout compte fait, et selon les meilleurs calculs du procureur général Raney, il faut plutôt croire que le résultat des élections et du référendum devint la cause principale d'une kyrielle de « maux soudains », tous soulagés par une bonne dose de liqueur forte. Les chiffres en témoignent : 1 095 ordonnances en septembre, 3 259 en octobre, 6 827 en novembre et 8 512 en décembre. Au cours de ce dernier mois de l'année 1919, un médecin à lui seul prescrivit pas moins de 1 244 soi-disant ordonnances. De quoi faire rêver un contrebandier aussi rusé que Fredie ou aussi ambitieux qu'Eddie.

Les deux hommes ne s'étaient jamais rencontrés, pas plus qu'ils n'avaient fait la connaissance d'Andrew J. Volstead. Ce dernier figurait pourtant parmi les meilleurs amis de Marentette, Dufour et autres gens de même acabit. En menant une énergique campagne en faveur de la prohibition au pays de l'Oncle Sam, ce *congressman* républicain de l'État du Minnesota devint, peut-être à son insu, le catalyseur par excellence de tout un mouvement de contrebande à la frontière canado-américaine. Chose certaine, le parrain de la loi interdisant la fabrication, la vente et le transport de toute boisson intoxicante aux États-Unis, à partir de 1920, était automatiquement devenu le père d'une nouvelle industrie au royaume de Cadillac. Exception faite des manufactures d'automobiles à Détroit et à Windsor, le commerce illicite de l'alcool fournissait, en effet, le plus grand nombre d'emplois.

Pour certains contrebandiers, les produits de ces deux industries pouvaient même se conjuguer pour générer des profits encore plus considérables. Les bateaux et les trains n'étaient pas les seuls à être mis à la remorque de la contrebande. Les voitures, de plus en plus populaires, pouvaient aussi servir à acheminer le précieux liquide. Elles offraient d'ailleurs d'innombrables possibilités. Fredie le savait mieux que nul autre, lui qui se postait régulièrement aux abords de la voie ferrée pour prendre possession de sa marchandise. Eddie n'allait pas tarder à se rendre compte des bienfaits de l'automobile pour le genre de profession qu'il avait épousé.

Était-ce vraiment une profession? Quels cours devait-on suivre pour pratiquer ce métier? Quelle compétence fallait-il manifester pour décrocher un tel travail? Et à quel bureau se présenter pour obtenir ce type d'emploi? Ou s'agissait-il tout simplement d'une vocation?

TROIS

En parcourant rapidement le journal, Eddie s'arrête à un article, encore un autre, portant sur la prohibition. L'humoriste Stephen Leacock écrit que toute tentative de criminaliser la consommation de bière est aussi futile et ridicule que vouloir adopter une loi interdisant de manger une salade aux concombres, sous peine d'emprisonnement. Le lecteur partage entièrement l'avis de l'auteur, mais les autorités locales et provinciales ne veulent rien entendre à ce genre de discours. Du reste, la sûreté de Ford City vient de saisir pas moins de trente-six caisses de boisson dans un sous-sol qui sert de réserve personnelle à une famille composée... d'un seul individu. La descente s'est effectuée à moins d'un mille du cottage de Marentette. Déjà attentif et minutieux dans ses opérations, Eddie se dit qu'il doit désormais redoubler de vigilance.

En dépit des nombreux patrouilleurs que Fredie réussit à éviter comme la peste lors de ses incursions sur la rivière Détroit, la frontière canado-américaine est décrite comme une véritable passoire. Le *Border Cities Star* parle ironiquement d'un «Windsor-Detroit Funnel». Dufour en sait quelque chose puisqu'il déverse quantité de liquide doré ou ambré dans

21

cet entonnoir magique. Face aux statistiques effarantes sur le nombre de transactions transriveraines, le gouvernement décide d'agir en nommant vingt-quatre agents supplémentaires pour surveiller les allées et venues sur un cours d'eau devenu rien de moins que le boulevard de la contrebande. Ces repoussoirs, comme certaines prohibitionnistes les appellent, s'installent à leurs postes le 4 août 1920. Du même coup, Fredie doit réviser ses plans d'action.

Une semaine après l'arrivée des nouveaux douaniers, Eddie revient d'une course profitable à Détroit, comme il en fait maintenant chaque jour. En ouvrant l'enveloppe renfermant son dû, il s'aperçoit que son client a commandé quatre fois plus de bouteilles pour sa prochaine livraison. « Pour fournir une telle quantité d'alcool, il faudrait que je prive presque tous mes autres clients. » Voilà la première réaction du contrebandier. Puis il se ravise. « Rien n'est impossible. Il doit bien y avoir un moyen me permettant de m'approvisionner sur une plus grande échelle. » Eddie en est à ce genre de réflexions lorsqu'il aperçoit un homme s'approchant de la grève. Le bateau n'est pas une embarcation de plaisance et son propriétaire ne s'amuse pas à taquiner la perchaude. Mieux vaut voir de quoi il retourne.

— Une autre belle journée d'été, n'est-ce pas ?
— Je suppose, mais le soleil frappe en sacrament; je te dis que c'est chaud en maudit sur le lac !
— C'est probablement pour ça qu'y a pas grand monde autour.
— Ouais, mais le soir, c'est comme des fourmis.
— J'ai remarqué ça; mon cottage est juste à quelques pas d'ici. Est-ce que ça vous tenterait de venir faire un tour pour vous rafraîchir un peu, monsieur... ?
— Fredie, que je m'appelle. Pis arrête de me dire vous.
— Moi, c'est Eddie.

— J'accepte ton invitation. J'espère au moins que tu as de quoi mouiller le gosier…

— Pas de problème.

— Allons-y, mon ami.

Ces dernières répliques, lancées avec un clin d'œil, ne sont pas sans donner une lueur d'espoir à Eddie, qui décèle même un brin de sympathie chez ce visiteur inattendu, mais somme toute opportun. Les deux hommes s'installent dans la cuisine, une large pièce bien entretenue et meublée avec goût. Outre quelques chaises et une table en noyer, on y retrouve un magnifique secrétaire sur lequel reposent plusieurs enveloppes et notes, chacune à leur place. La propreté qui règne dans ce petit chalet contraste avec le laisser-aller qui caractérise la demeure de Fredie. Chez lui tout est débraillé, à l'image de son caractère désinvolte. Ordre ou désordre, cela importe peu. Pour le moment, les deux hommes sont certains d'avoir au moins une chose en commun: leur goût pour une bière de qualité.

— C'est pas de la piquette que tu me sers là, Eddie. Ça vient sûrement de Montréal.

— J' pense que t'es pas mal bien placé pour le savoir, hein Fredie?

— On est dans la même *business*, à ce que je vois.

— Oui, mais pas dans la même ligue.

D'une bière à l'autre, d'une confidence à l'autre, Eddie et Fredie se lient d'amitié et en viennent à mettre cartes sur table, au milieu des bouteilles vides pour ainsi dire. Le premier est surpris de voir l'envergure des opérations de son nouvel ami et le second est étonné de rencontrer un jeune homme qui partage son goût de l'aventure et qui ne manque pas d'ambition. Eddie se sent bien en compagnie de Fredie; il a nettement l'impression d'être sur la même longueur d'ondes. Sans qu'il soit nécessaire de signer un pacte ou même de prononcer le mot «contrat», les deux contrebandiers décident de s'entraider. Il est trop tôt pour parler de tandem ou de partenaires égaux, mais rien n'empêche la collaboration. L'important, c'est que l'un et l'autre se chauffent du même bois.

— Oublie les mandats de poste, Eddie. Oublie même les valises ramassées à la sauvette sur le bord de la *track*. Tout ça, c'est rien que de la petite bière. Faut prendre les grands moyens, pis c'est plus facile de le faire à deux. Depuis une couple de semaines je reçois mes provisions par automobile. Un contact à Montréal, un gars sur la route, pis moi à ce bout-ci. Ça marche bien, mais c'est pas suffisant. Faudrait avoir plus de fournisseurs.

— Est-ce que tu en connais qui sont prêts à jouer notre jeu? Je veux dire... des gars fiables.

— Inquiète-toi pas, ça se trouve. Le problème, c'est d'aller sur place pour organiser l'affaire. Moi, j'ai pas le temps, mais toi, Eddie, tu m'as l'air du bonhomme qui saurait bien s'y prendre. Je ne me trompe pas, hein?

— À vrai dire, je ne suis jamais allé à Montréal, mais je suis certain que je me débrouillerais. J'aurais évidemment besoin de tes conseils, Fredie.

— Marché conclu, Eddie.

*   *   *

Les clients de Détroit avaient tous été avisés de l'absence temporaire de leur jeune fournisseur canadien. Une semaine au plus, avait-il précisé, ajoutant du même souffle que l'attente serait bien récompensée. Puis Eddie s'était rendu dans la métropole, à bord du chemin de fer Canadien Pacifique jusqu'à Toronto, avec correspondance à London, puis à bord du Grand Tronc jusqu'à Montréal. À son arrivée il avait rendu visite à un oncle de Fredie, qui acceptait de l'héberger et, surtout, de lui fournir quelques noms utiles. Bien renseigné et

24

muni de ses « lettres de créances », Eddie n'eut aucune difficulté à trouver des hommes de confiance.

Tout s'était déroulé comme prévu. Un système simple et sans faille pour les commandes et le transport d'un nombre illimité de caisses avait été habilement monté dans l'espace de quatre jours seulement. Fier de lui, le grand Marentette se promenait dans la gare, le sourire aux lèvres, une valise aux bras. Il s'apprêtait à prendre le train du retour lorsqu'il vit un groupe de jeunes filles, certaines âgées de 17 ou 18 ans, d'autres à peine sorties de la puberté. Elles le suivirent tout le long du quai menant au convoi 580-9, puis montèrent elles aussi à bord. Rendu à Toronto, le groupe de jeunes Québécoises effectua la même correspondance qu'Eddie, en route vers Windsor. Il chercha à savoir ce qu'elles allaient faire dans sa ville natale, mais n'obtint qu'une vague réponse ponctuée de rires nerveux.

Comme elles ne semblaient pas vouloir engager la conversation, Eddie se contenta de les admirer. Chacune portait un petit chapeau de velours ou de peluche en forme de turban, orné d'une bande de couleur taupe ou fauve. Chacune était vêtue soit d'une robe en crêpe de Chine, soit d'une jupe de popeline à trame de soie. De tous les coloris, le bourgogne semblait le plus répandu. Un seul membre du groupe avait gardé son manteau, un modèle martingale avec poches de fantaisie; c'était une grande blonde, aguichante, à la forte poitrine et à l'air condescendant. Elle se comportait de manière autoritaire, imposant parfois le silence à ses compagnes, leur parlant parfois à voix basse comme si ses propos tenaient du plus grand secret. Nul doute qu'il s'agissait de la responsable du groupe.

Mais c'est une autre fille, aux cheveux bruns, qui retint davantage l'attention d'Eddie. De sombres prunelles, un nez retroussé, une bouche délicate, un teint opalin, tout s'harmo-

25

nisait pour donner à ce visage ovale une fraîcheur envoûtante. En prolongeant le regard, ce que le voyageur fit plus d'une fois, on pouvait aussi déceler une certaine candeur ou naïveté. Aux yeux du contrebandier, c'était le portrait de la douceur. Plus suave que toute liqueur. Plus pétillant que tout champagne. Plus enivrant que toute boisson.

Le convoi 535-42 quitta London à l'heure précise et arriva à Windsor avec quelques minutes de retard, le conducteur s'étant arrêté pour le déchargement de quelques malles. Eddie ne put s'empêcher de sourire. Plusieurs s'adonnaient au même jeu, mais tous ne commandaient pas l'atout...

À peine Marentette eut-il le temps de prendre sa propre valise, copieusement garnie, et se diriger vers la sortie que les intrigantes jeunes filles disparaissaient. Elles avaient déguerpi sous la houlette de la grande blonde, véritable matrone plus habituée à diriger une basse-cour qu'un cortège de princesses. Mais qui était cette femme aux manières si brusques? Pourquoi avait-elle filé à l'anglaise avec son petit groupe? Et la charmante brunette, portrait de la douceur qui s'envolait aussi vite qu'il était apparu... Il s'envolait, certes, mais ne s'évaporait pas pour autant. Son empreinte demeurait gravée dans la mémoire d'un homme déterminé à en contempler de nouveau l'image.

La nuit de son retour au cottage du lac Sainte-Claire, Édouard fit un rêve. Il entrait dans une immense salle de bal remplie de gracieuses danseuses au bras de leurs soupirants. Elles valsaient à ses côtés, sautillaient au son d'une musique endiablée, virevoltaient avec charme, mais l'ignoraient. Puis une porte s'ouvrit, une trompette retentit et une mince femme au corps fragile s'avança, portée par les révérences qui pleuvaient de tous bords et de tous côtés. C'était la princesse du château où Édouard avait pénétré par magie, par enchantement surtout. Une jeune princesse suivie d'aucun prince, fuyant le regard de ses invités, affichant même un air de tristesse qui assombrissait le décor féerique. Pendant longtemps, le rêveur chercha à capter le regard de la mystérieuse châtelaine. Mais tout s'embrouillait. Puis l'espoir renaissait. Mais tout s'entremêlait de nouveau. Le désir de percer le mystère le tenaillait néanmoins et une force de persévérance le maintenait sur le chemin de sa quête. Quand soudain il sentit enfin le contact établi, ou était-ce une impression, il se réveilla, en sueurs.

QUATRE

Émile Lespérance vit seul. La solitude est en fait son seul ami. Elle l'accompagne même dans les salles de cinéma où il se réfugie, où il joue la comédie, se donnant des airs de vedette et prenant plus souvent qu'autrement ses rêves pour des réalités. Dès son enfance le rouquin a senti sa différence et a cherché à la camoufler. Sa manière d'agir reste néanmoins distincte et le pousse toujours à ne pas faire les choses comme tout le monde.

Aussi a-t-il décidé de devenir contrebandier, mais à sa façon bien particulière. Il se rend d'abord au marché de la rue McDougall et achète sept ou huit douzaines d'œufs, puis revient à la maison pour entreprendre une longue et minutieuse opération. À l'aide d'une seringue, Émile pique délicatement chaque œuf pour en aspirer le contenu; lentement mais sûrement il arrive à vider des douzaines de coquilles qui demeurent presque intactes. Ensuite le rouquin remplit sa seringue de whiskey ou de rhum, selon la couleur des œufs, et injecte le liquide dans les coquilles. Chaque douzaine, blanche ou brune, est ensuite rangée dans des cartons, prête à être livrée aux deux ou trois clients qu'Émile fournit sur une base hebdomadaire.

Le contrebandier à l'allure et aux méthodes originales effectue ses livraisons à bicyclette. Coiffé d'une casquette en gabardine, un foulard enroulé autour du cou, il dépose doucement ses « œufs » dans le panier avant et enfourche élégamment son vélo Red Bird reluisant de propreté. Le rouquin peut se rendre au quai et prendre place à bord du traversier sans le moindre souci, sans encourir le risque de se faire questionner ou fouiller par un agent. En cette période de prohibition, les produits de la ponte n'intéressent pas les douaniers; ils ont d'autres chats à fouetter et cherchent autre chose à frapper que des œufs.

Pendant qu'Émile Lespérance pédale sa marchandise, Édouard Marentette songe à se procurer une voiture. Ses affaires ont progressé rapidement depuis le voyage à Montréal et ses économies l'autorisent maintenant à considérer un tel achat, d'autant plus qu'une automobile devient désormais indispensable pour répondre adéquatement à la demande d'une clientèle aussi exigeante qu'insatiable. Les pages du *Border Cities Star* présentent toute une gamme de voitures et Eddie a l'embarras du choix. Après avoir examiné plusieurs marques, de la Cleveland Six au Maxwell Touring Car en passant par l'élégant modèle McLaughlin, la populaire Chevrolet et la traditionnelle Ford, il opte pour cette dernière. À 747 $, c'est la voiture la moins chère, la plus économique et la plus ordinaire. En roulant dans une Ford, se dit-il, on n'attire pas l'attention. Discrétion et sobriété! Voilà d'importantes qualités pour quiconque trempe dans des affaires du genre de celles que mène maintenant Eddie Marentette.

* * *

Un matin frisquet de novembre deux hommes préparent leurs commandes et se rendent à Détroit à bord du même traversier, l'un au volant de sa Ford, l'autre perché sur sa bicyclette. Comme ce n'est pas la première fois qu'ils effectuent le trajet ensemble, ils se saluent distraitement. Le premier fixe le second du regard, lui offre une cigarette, puis engage la conversation sur un ton blagueur.

— Par les temps qui courent, il y a des choses plus payantes à livrer que des œufs.

— Je le sais très bien. Je ne suis pas né de la dernière pluie.

— J'ai compté sept douzaines dans ton panier; est-ce que tu fournis un restaurant?

— On pourrait appeler ça un restaurant.

— C'est sûrement pas un restaurant-bar.

— Et pourquoi pas?

— Qu'est-ce qu'il ferait avec autant d'œufs? À moins que…

Émile affiche un air goguenard, imitant en cela une de ses vedettes préférées du cinéma, et sourit narquoisement. Eddie redresse alors sa casquette de tweed, s'approche du panier aux œufs d'or et se retourne vers le rouquin en pouffant de rire. Est pris qui croyait prendre. Les deux hommes se présentent aussitôt, échangent une franche poignée de main et quelques brefs propos dans un langage codé. On ne sait jamais avec les oreilles indiscrètes autour. Puis c'est la cohue générale, les passagers se bousculant pour se frayer un chemin sur le quai encombré de Détroit. Les deux contrebandiers se quittent pour vaquer à leurs occupations lucratives, en promettant de se revoir sur le traversier du retour.

Eddie ne rencontre plus ses clients dans de vieux hangars ou dans des mansardes abandonnées. Maintenant qu'il dispose d'une voiture, les rendez-vous ont lieu dans des résidences en banlieue, certaines aux devantures de style colonial, d'autres entourées de somptueux jardins agrémentés de plates-bandes fleuries. Il gare sa Ford et, derrière des portes closes, livre la marchandise tant attendue. Le premier client obtient sa commande en soulevant la banquette arrière, d'où émergent des caisses de rhum. Marentette perçoit son dû et passe ensuite au second client. Il place une couverture sous la voiture et, étendu de tout son long, fixe un long tube courbé; le whiskey est alors siphonné depuis un prétendu réservoir d'essence et transvidé dans des bouteilles, sous l'œil attentif de l'acheteur. Pas une goutte ne s'échappe. Tous les contenants sont pleins et la note est acquittée, en devises américaines évidemment. Un dernier client s'amène avec trois ou quatre cruches sous les bras. Eddie retire alors la roue de secours, dégage la valve et presse sur le tube de caoutchouc pour faire pisser le pneu de rechange rempli d'alcool. Tout est accompli avec soin et précision. Ça mérite un pourboire.

Revenus à Windsor, Eddie et Émile décident de passer la soirée au cinéma. Parmi les titres à l'affiche un seul retient leur attention : *Male and Female*, projeté au Home Theatre. Cette intrigue amoureuse plaît au rouquin toujours à l'affût d'une histoire romantique. Quant à son compagnon, il semble distrait et songeur; le film éveille en lui le souvenir d'une jolie demoiselle au visage de camée. Plus les images à l'écran deviennent floues, plus le portrait de la brunette se précise. Nouvelle rêverie.

Mais un tel état d'âme ne dure qu'un bref instant. Il y a d'autres affaires plus pressantes à traiter; celles du cœur peuvent bien attendre. Eddie Marentette se ressaisit donc, allume une Player's Navy Cut et va droit au but.

— J'ai une dizaine de clients occasionnels dont je cherche à me défaire. J'ai pensé que tu serais peut-être intéressé. Remarque que les commandes ne pèsent pas lourd, mais l'argent est sûr et le commerce peut se faire sans inconvénient. Tu pourrais ajouter ça à tes ventes d'œufs. Qu'en penses-tu ?

— Il n'y a vraiment pas de danger?

— Aucun, sois assuré. Je te fournis la liste de contacts, je préviens les clients et tu t'occupes de ton réseau. Pas de commission entre amis.

Avec une offre aussi alléchante, la réponse ne se fait pas attendre. À sa sortie du cinéma, Émile Lespérance est un nouvel homme. Ses yeux pétillent, ses pieds dansent, son imagination se met en marche. Un peu plus et il sauterait au cou de son voisin, mais mieux vaut freiner une telle exubérance.

C'est une autre sorte de débordement qui envahit présentement Fredie Dufour. Grâce au vaste circuit montréalais habilement manigancé par Eddie, il reçoit toutes les provisions souhaitées. C'est un véritable pipeline. Et pour acheminer ce flot de boisson, Fredie ne manque pas de ressources, loin de là. Son tout dernier plan est même conçu pour déjouer les patrouilleurs les plus avertis. Le rusé contrebandier entasse ses caisses dans une barque dont le fond est muni d'un énorme bouchon; le tout est ensuite recouvert d'une toile et remorqué par bateau. Si des agents s'approchent, Fredie s'empresse de retirer le bouchon qui agit comme une soupape et la cargaison se met aussitôt à caler, disparaissant sous l'eau avant même que les patrouilleurs se montrent le bout du nez. Le lendemain, lorsque le champ est libre, un plongeur retourne sur les lieux grâce aux points de repère laissés par Fredie et recouvre le stock abandonné. Léger retard dans la livraison, certes, mais le client reçoit en retour une boisson un peu plus rafraîchie!

Lorsque la rivière Détroit et le lac Sainte-Claire sont immobilisés par les glaces, Fredie adopte un autre moyen de transport et fait parfois appel à Eddie, surtout durant le temps des Fêtes. La loi de l'offre et de la demande prévaut et nombreux sont les Américains qui ne veulent pas célébrer le nouvel an à sec. Les deux hommes travaillent donc jour et nuit, s'aventurant sur les eaux gelées dès que le signal leur est donné. Le trajet se fait en voiture, mais pas question pour Eddie d'utiliser sa Ford 1920. Il monte plûtôt à bord de vieilles automobiles sur le point de tomber en panne, achetées pour quinze ou vingt dollars seulement. Si jamais la glace cède sous le poids d'une de ces bagnoles, les pertes ne sont pas très considérables.

En ce moment, les deux contrebandiers bravent le froid et dirigent une flotte de six voitures. Freddie figure en tête de la caravane et roule de plus en plus lentement. Des craquements se font entendre et à leur bruit sourd on sent que le danger est imminent. Le chef de file stoppe, descend sur la pointe des pieds pour vérifier les conditions de la glace et découvre des débuts de fissures. Un peu plus loin, la surface se lézarde encore davantage.

— Eddie, viens voir. Je me suis arrêté juste à temps.

— Ça parle au diable ! Qu'est-ce qu'on va faire ?

— J'ai prévu ce genre de problème. Aide-moi à sortir les planches que j'ai placées par-dessus les caisses dans mon char.

Ces longs et larges traversins s'avèrent très utiles puisqu'ils servent à enjamber les crevasses. À trois ou quatre reprises le convoi fait halte et, au milieu des bourrasques de vent, Eddie et Fredie dressent rapidement des ponts de fortune. Pendant ce temps, de nombreux clients attendent sur l'autre rive où ils font les cent pas, mordus par le froid. Ils semblent inquiets du sort qui pèse sur les hommes au loin, mais leur véritable anxiété touche probablement moins les fournisseurs que les fournitures. Quel que soit le motif du faux ou réel énervement, il demeure sans fondement. Les six voitures chargées à pleine capacité et dirigées par un maître contrebandier finissent par atteindre leur destination, et ce, avant même que l'horloge n'ait sonné minuit. On peut saluer la nouvelle année en levant son verre.

Et c'est la fête de part et d'autre de la frontière. On trinque librement, généreusement surtout.

— Bonne et heureuse année, Eddie.
— Et le paradis à la fin de tes jours, Fredie.
— Comment ça... à la fin de mes jours ? J'espère que c'est pour plus tôt que ça. En tout cas, je vais prendre les moyens pour y goûter le plus vite possible.
— Moi pareillement.

Ainsi débute 1921, dans une allégresse bien arrosée pour certains Américains, dans un confort bien argenté pour certains Canadiens. La prohibition a maintenant un an, mais c'est la contrebande qui célèbre son anniversaire. La première prend l'allure d'un enfant chétif; la seconde revêt les traits d'un gosse vigoureux.

CINQ

Au pouvoir depuis un an, le gouvernement des Fermiers unis de l'Ontario ne pouvait guère se vanter d'avoir enrayé la vente d'alcool dans les buvettes publiques et encore moins le transport de la boisson sur son territoire, surtout depuis Montréal jusqu'à Windsor. Des gens comme Dufour et Marentette étaient bien placés pour en témoigner.

Un certain James Scott Cooper démontrait aussi, par son ambition, que la prohibition perdait du terrain et que la contrebande enregistrait des gains constants. Né à London en 1874, il s'était établi à Windsor en 1910 en tant que tavernier. Avant de faire fortune dans le commerce illicite de l'alcool, cet entrepreneur avait mené plusieurs initiatives agricoles avec grand succès. On peut même dire que ses idées innovatrices bouleversaient considérablement les habitudes et techniques des cultivateurs de sa région adoptive. Alfred Dufour se souvient en effet que Cooper avait acheté une ferme de cent cinq arpents en 1918, dans le village de Belle Rivière, aux abords du lac Sainte-Claire. Et cette terre fut la première à être irriguée par un système de tuiles. Faisant fi du scepticisme des fermiers, Jim Cooper avait innové et misé juste. En peu de temps l'idée s'était répandue et son auteur brassait maintenant de bonnes affaires en produisant pas moins de 10 000 tuiles de grès par jour pour répondre à la demande d'une légion, voire une armée, de cultivateurs convaincus par des résultats fort probants. Rien comme le succès pour engendrer le succès !

J. C. Cooper ne manquait pas d'imagination, bien au contraire. C'est lui qui introduisit la culture du tabac dans le Sud-Ouest ontarien et qui mit un frein à l'importation massive de légumes en provenance des États-Unis grâce à la construction de gigantesques serres dans le comté d'Essex. Ce gentleman-farmer aimait les choses bien faites et l'agriculture moderne était sa première passion. Le frère cadet de Fredie en sait quelque chose. Il fut un des nombreux fils de cultivateurs à être choisis personnellement par Cooper pour suivre gratuitement un cours au Collège ontarien d'agriculture, à Guelph.

La deuxième passion de cet entrepreneur agricole aux multiples succès allait naturellement se déclarer au début des années 1920. Le commerce de l'alcool étant à toute fin utile prohibé, la contrebande battait son plein. Il y avait donc de l'argent à faire de ce côté-là. Et pourquoi Jim Cooper resterait-il à l'écart d'une telle aventure ? Sur ce point, Fredie et Jim se ressemblaient comme deux gouttes d'eau… eau-de-vie, il va sans dire ! Le premier ne disposait cependant pas des ressources du second, qui fit bâtir un imposant édifice de deux étages à Belle Rivière, en 1920. Le Cooper Court coûta 40 000 $ à son propriétaire. De quoi rendre Alfred Dufour ivre d'envie. De quoi aussi fouetter sa détermination de réussir au même degré que son illustre mentor.

Compte tenu de ses multiples entreprises commerciales et de ses nombreux voyages, James Scott Cooper ne pouvait s'occuper aussi activement qu'il l'aurait souhaité de sa famille. Soucieux néanmoins d'offrir à ses enfants une éducation de qualité, il fit appel à une religieuse pour enseigner à son fils et à ses deux filles. Elle leur apprit à parler correctement le français et leur offrit des cours de musique. Inutile de dire qu'Émile Lespérance eut été enchanté de suivre ce genre de leçons.

Cooper jouissait d'une célébrité à laquelle la presse locale contribuait avec une certaine complaisance. Après tout, l'homme était coloré et incarnait on ne peut mieux l'image de celui qui a réussi. Or, c'est chose connue que le public aime tout connaître des gagnants... et tout ignorer des perdants. Mais sa renommée ne faisait pas le bonheur de tous, notamment d'Ernestine Marentette et ses semblables. La mère d'Édouard, qui ne voyait presque plus son fils et qui allait bientôt le renier définitivement, s'était jointe à la Women's Christian Temperance Union, un organisme voué à l'assainissement des mœurs, notamment en ce qui a trait au plus terrible des sept péchés capitaux. Mais l'adversaire le plus redoutable dans cette lutte contre l'ivrognerie était un dénommé Spracklin.

Pasteur méthodiste nommé à Sandwich en 1919, il devint rapidement le bras droit du procureur général dans le Sud-Ouest de la province. Raney lui donna ni plus ni moins carte blanche. Et le révérend J. O. L. Spracklin en profita, en abusa même. Le pasteur ne se contentait pas de monter en chaire pour dénoncer les méfaits de l'alcool et vanter les mérites de la tempérance. Durant les sermons, ses hommes fouillaient les voitures des paroissiens, à la recherche des maudites bouteilles. Le plus souvent ce ministre du culte était loin de son église, en train de parcourir les rues mal famées de la ville, déterminé plus que jamais à exterminer ce qu'il appelait la vermine des temps modernes. En peu de temps, il fut surnommé le pasteur-boxeur. Fusil en main, secondé par une bande d'acolytes plus fiers à bras qu'enfants de chœur, Spracklin ne reculait devant rien. Se promenant dans une luxueuse voiture mise à sa disposition par Raney, il faisait le tour des tavernes, défonçait les portes et poursuivait les hors-la-loi, comme le Christ avait pourchassé les vendeurs du temple. Ernestine Marentette, qui n'était évidemment pas méthodiste, l'approuvait néanmoins de tout cœur.

Au cours de l'été de 1920, Fredie Dufour avait pu se rendre compte personnellement de l'enthousiasme qui animait le fougueux pasteur. Ce dernier voyageait à bord du bateau-escouade Panther II, en compagnie des patrouilleurs de la rivière Détroit. Zigzaguant dans les canaux les plus reculés, il atteignait les quais cachés et surprenait les contrebandiers la main dans le sac. Fredie l'avait simplement croisé cette fois-là et sa petite embarcation n'avait pas attiré son attention. Mais quelques jours plus tard, Dufour traversait la rivière en remorquant sa fameuse barque munie d'un bouchon lorsqu'il vit s'approcher le Panther II. En un tour de bras la cargaison se mit aussitôt à caler et avant même que le bâteau-escouade ait rejoint Fredie, celui-ci avait lancé sa ligne pour donner l'impression qu'il pêchait. Aux patrouilleurs qui l'accostèrent, il répondit, en dévisageant Spracklin, que la perchaude mordait à son goût.

C'est par un malheureux incident survenu à la taverne Chappell House que le pasteur méthodiste en vint à faire les manchettes du *Border Cities Star*, voire de la presse nationale. Les bars et clubs étaient devenus illégaux à la fin de 1919, mais nombre de buvettes publiques bravaient la loi, dont le Chappell House dirigé par un voisin d'enfance de Spracklin, du nom de Beverley Trumble. Les deux garçons avaient grandi à Woodstock, où leurs mères se visitaient régulièrement, mais Babe Trumble et Leslie Spracklin ne s'étaient jamais sentis très proches l'un de l'autre. Le premier comptait plusieurs amis alors que le second s'isolait du groupe pour se renfermer sur lui-même. On racontait même, selon Fredie, que Trumble avait volé la blonde de Spracklin lors d'une soirée dansante et que, à une autre occasion, Leslie s'était aussi fait damer le pion lors d'une course en arrivant second, derrière Babe. Ces mauvais souvenirs de jeunesse, Fredie en était convaicu, avaient semé la jalousie dans le cœur de Spracklin qui cherchait désormais sa revanche. Chappell House devait être sa cible.

Une clientèle riche et nombreuse fréquentait cette taverne en dépit des quelques descentes policières dont elle était régulièrement victime, comme tous les autres établissements semblables, du reste. Qu'à cela ne tienne, Trumble achetait les agents de la prohibition comme il achetait les caisses de boisson, payant comptant les uns et les autres. Dans le deuxième cas, Fredie figurait parmi les heureux bénéficiaires. Mais le pasteur méthodiste n'était pas un à se faire soudoyer, certainement pas par un ennemi d'enfance. Au début, il accepta de faire confiance aux forces de l'ordre, sachant toutefois que le chef de la sûreté de Sandwich, Alois Masters, ne parviendrait pas à grand-chose. Aux yeux de Spracklin, cette crapule ne se souciait guère de l'application de la loi, plus préoccupé à frayer avec les jolies clientes du Chappell House qu'à dénoncer des criminels de la trempe de Babe Trumble. N'ayant rien atteint par la méthode douce — ses pressions auprès des autorités municipales et ses campagnes dans la presse locale s'étant soldées par un échec — le pasteur-boxeur décida que le temps était venu de passer à la méthode forte. Sa méthode préférée.

Dans la nuit du vendredi 5 novembre 1920, le zélé prohibitionniste passait les rues de Sandwich au peigne fin. En arrivant devant le Chappell House, à trois heures et demie du matin, il vit un homme ivre mort sur le bord de la route. Avant même qu'il ait pu se rendre à l'entrée de la taverne, Trumble mit le verrou. Furieux, Spracklin défonça une fenêtre, se faufila à l'intérieur, cherchant en vain un Babe soudainement disparu. Comme le bar public communiquait avec les appartements privés, le pasteur s'y précipita et bondit dans la salle à

41

dîner, arrivant face à face avec l'ennemi traqué. Le duel fut de courte durée. Croyant Trumble armé, Spracklin tira un coup de feu qui s'avéra mortel.

En lisant le *Border Cities Star* du samedi 6 novembre 1920, Émile Lespérance apprit ce qui s'était passé sur le boulevard de la contrebande. Il en tremblait. Le rouquin avait besoin de quelque chose de plus fort qu'un Cincinnati Cream pour le calmer. Deux ou trois œufs frappés feraient l'affaire.

Le meurtre de Trumble et la conduite de Spracklin firent évidemment couler beaucoup d'encre. Le procureur général reçut une pétition de plus de 2 000 signatures exigeant la condamnation du pasteur pour homicide. La mère de Spracklin, domiciliée au 148 de l'avenue Cameron, reçut un abondant courrier composé de lettres menaçant son fils de mort. Quant à la presse locale, elle publiait chaque jour de nouvelles informations concernant le triste événement. On apprit que la femme de Babe était enceinte d'un troisième enfant, que l'adjoint de Babe mentait honteusement à la police et que l'ivrogne au bord de la route était mort de pneumonie. Légèrement grisé par l'alcool, Émile lisait ces comptes rendus avec avidité, comme s'il s'agissait d'un scénario de film, imaginant même l'acteur qui pourrait le mieux camper le rôle de Spracklin dans une production intitulée *Le pasteur-boxeur*.

Un procès eut lieu. Le jury délibéra pendant cinquante-neuf minutes. Le révérend J. O. L. Spracklin fut acquitté.

L'incident du Chappell House n'aida pas la cause des prohibitionnistes. La réputation de William Raney en fut même entachée. Sa police était-elle si impuissante ? L'opposition voulait savoir. Les forces de l'ordre ne pouvaient-elles pas faire respecter la loi ? Le public en doutait de plus en plus. Les citoyens allaient-ils devoir s'armer, à l'instar de ce pasteur, pour nettoyer la province d'une honteuse tare ? Il s'en trouvait pour croire fermement en cette option. Bref, la contrebande avait meilleure presse que la prohibition et, à ce chapitre, le gouvernement des Fermiers unis de l'Ontario n'en menait pas large, surtout après la performance de «son» homme à Sandwich.

Bonne ou mauvaise presse, cela importe peu pour Fredie qui aime mieux chasser le rat musqué que lire les journaux. Sa seule lecture se limite aux commandes qui fusent de toutes parts. Les journalistes peuvent bien écrire ce qu'ils veulent dans les colonnes du *Border Cities Star*. Quant à lui, ce sont des chiffres de plus en plus larges qu'il inscrit dans ses colonnes.

SIX

En février 1921, Alfred Dufour reçoit une commande urgente. Un client est prêt à mettre le prix qu'il faut pour obtenir trois cent cinquante caisses en autant qu'elles soient livrées dans l'espace de vingt-quatre heures. Fredie dispose du stock requis, mais le transport soulève un problème. La glace est moins solide qu'en janvier et, advenant qu'elle puisse encore supporter un train de voitures, le nombre de bagnoles requises demeure trop élevé. Il en faudrait au moins une dizaine traversant à la queue-leu-leu, ce qui attirerait immanquablement l'attention des patrouilleurs. Non, pas question de prendre ce risque. Pas question non plus de perdre cette commande.

Fredie tourne en rond, allume un cigare, le laisse s'éteindre, puis se rend de la maison à la grange, où les caisses de boisson sont enfouies sous la paille. En sortant du bâtiment il découvre la solution à son problème de transport. Un éclair de génie ! La fameuse barque munie d'un bouchon repose sur des blocs de ciment, juste en face d'un traîneau abandonné. En la regardant de côté, sous un certain angle, les patins du traîneau semblent rivés à la barque.

45

— Baptême, pourquoi est-ce que j'ai pas pensé à ça avant aujourd'hui ?

Et voilà Fredie qui se met à l'œuvre, avec l'aide de son homme à tout faire : débardeur, plongeur, livreur et, maintenant, inventeur. En effet, les deux contrebandiers sont sur le point de créer leur propre véhicule pour la circonstance. Un coup de masse par ici, un coup de marteau par là, et les planches pourries du traîneau volent en éclat. Les patins, encore très solides, sont aussitôt dégagés, puis fermement fixés à la barque. Le véhicule n'a pas l'air très orthodoxe, mais le métier de contrebandier l'est-il davantage ?

Une fois le bateau sur ses skis, il est rempli de fond en comble. Exactement trois cent cinquante caisses. Fredie attend le crépuscule, puis remorque sa cargaison jusqu'au lac. Pour l'instant la glace supporte et la voiture et la barque, mais on ne fait que longer la rive, où la surface est plus épaisse. Le groupe, composé de Fredie, son adjoint et quelques bras forts, file ainsi pendant quelques milles. Arrivés devant le cottage d'Eddie Marentette, qui a été mis dans le coup, ils lui laissent la garde de la voiture, attendent le signal, puis s'attellent pour tirer la barque-traîneau en direction de l'autre rive. Chaussés de bottes à crampons, ces hommes aussi forts que des bœufs parviennent aisément à faire glisser la cargaison jusqu'au milieu de la rivière, où une couche d'eau de plus en plus épaisse recouvre la glace. À peine quelques secondes avant que celle-ci ne cède sous le poids de l'embarcation, Fredie crie à ses hommes de monter à bord. Les patins disparaissent alors sous l'eau et le bateau flotte, exactement comme Fredie l'avait prévu. Le trajet se poursuit, en ramant cette fois.

Sur la rive américaine, un correspondant attend dans sa voiture, prêt à venir remorquer la cargaison jusqu'à une camionnette stationnée au bord d'un quai abandonné. Fredie vérifie d'abord s'il n'y a rien de louche aux alentours, puis le déchargement commence. Les bras forts accomplissent la besogne avec une célérité qui plaît aussi bien au patron qu'au client. Il ne reste maintenant que vingt ou trente caisses, mais voilà qu'un agent s'approche. Le correspondant prend aussitôt la situation en main.

— On te laisse trois caisses, pis toi, tu nous fiches la paix.
— Pas si vite, bonhomme. La loi, c'est la loi.
— Ouais, on la connaît la loi, pis les gars qui l'appliquent aussi.
— Qu'est-ce que tu essaies d'insinuer?
— Rien, mais je ne me montrerais pas trop zélé si j'étais à ta place. Vas-y pour cinq caisses, pis ferme ta gueule. O. K. ?

Cinq caisses, ou soixante bouteilles vendues dix fois leur valeur, voilà de quoi convaincre un policier pas trop scrupuleux. On a beau vouloir accomplir son devoir, mais pourquoi s'entêter lorsqu'on est seul devant une bande de fiers à bras probablement mieux armés que soi? Quant au client, point besoin de rechigner pour une différence de cinq caisses sur un lot de trois cent cinquante, surtout lorsque ce petit manque lui évite de fâcheux ennuis. Il y a parfois un prix à payer pour obtenir la paix, même auprès d'un agent de la paix! Celui-ci accepte l'offre et l'incident est clos. Ni vu ni connu. Le patron n'en saura rien.

Tout le monde se frotte les mains; tout le monde est gagnant.

* * *

L'hiver de 1920-1921 a été dur pour Alfred Dufour et les risques encourus ont créé chez lui beaucoup de tension. Vers la fin du mois de mars il se sent las et décide de prendre un petit repos, une détente bien méritée. Le lendemain de Pâques, Fredie se rend en ville, plus précisément dans la rue Pitt où se passe une activité nocturne de nature à lui plaire. En dépit d'une pluie fine qui fouette les passants, ceux-ci sont nombreux à recevoir les salutations de jeunes filles légèrement vêtues et bien tournées. Elles se tiennent tantôt dans l'embrasure des portes, faisant virevolter leurs dentelles, tantôt aux fenêtres, ricanant entre elles. Certaines tiennent de longs fume-cigarette entre leurs dents, d'autres sourient naïvement.

Fredie, qui jongle toujours avec les chiffres, ne peut s'empêcher de penser que le commerce qui caractérise cette rue, aussi illicite que le sien, doit sans doute rapporter d'intéressantes sommes. Mais combien au juste ? Est-ce vrai qu'une habituée de ce métier, le plus vieux du monde, peut gagner jusqu'à 1 000 $ par semaine à Sandwich ou Ford City ? Walkerville, se dit-il, est trop chic pour accueillir ce genre de « travailleuses ». Toutes ces futiles considérations sont soudainement chassées par un discret petit signe venant d'une blonde qui lui lance une invitation : Salut, mon noiraud ; entre faire un tour.

Une sacrée belle fille, se dit le contrebandier. Et justement à son goût : pas trop frêle, pas trop grassette. Un peu grande, il est vrai, pour un homme de sa taille, mais quelle forme ! Une vraie femme qui soutient bien ce qu'elle avance.

La salle d'accueil forme une large pièce qui donne accès à plusieurs chambrettes. Cinq ou six filles attendent sur des causeuses, cherchant à attirer le regard du nouveau venu. Comme c'est la première fois que Fredie entre dans une maison de passe et que sa nervosité le fait hésiter, la blonde lui souffle à l'oreille quelques mots qui le mettent aussitôt à l'aise. Il a le choix entre toutes les filles assises dans le salon, y compris l'hôtesse. L'homme trapu aux cheveux noirs opte pour la femme corpulente à la tignasse blonde et le couple disparaît... sous le regard amusé des autres travailleuses.

Entre deux baisers, le contrebandier apprend que le petit groupe derrière la porte vient du Québec et qu'il prend son plaisir auprès de nulle autre que la patronne, une Montréalaise qui a conduit son troupeau jusqu'ici. Fredie sent qu'il lui plaît et une évidente réciprocité excite tous ses sens. Il bave sur les seins bien galbés de la patronne. Il plonge sa langue dans une bouche qui agit comme un gouffre. Il renfonce ses mains dans une paire de fesses bien rondelettes. Il s'engage dans un corps à corps à la fois exténuant et revigorant. Entre-deux. Elle le couvre de baisers. Elle raffole de son torse velu. Elle mord ses puissants biceps. Elle fait danser ses doigts sur son corps, comme sur un piano, comme sur une flûte, comme sur un tambour. Excitation. Explosion. Extase.

À sa sortie de la rue Pitt, Dufour ne sent plus de tension. Il est prêt à recommencer cet exercice de détente et, comme il le dit en riant, à encourager les Canadiennes françaises venues travailler par ici. Entre-temps, les affaires reprennent. Fredie rencontre le propriétaire du Cooper Court, à Belle Rivière, et les deux hommes commentent les chiffres qui circulent depuis quelque temps. Selon l'inspecteur Mousseau, les Villes-Frontières auraient reçu, dans l'espace d'un an seulement, pas moins de 900 000 caisses de boisson «pour usage personnel».

— J'ai l'impression que ça te donne quelques idées, hein Fredie ?
— Justement, Jim. Il y a sûrement de la place pour un autre hôtel dans les environs.
— Mets-en ! Deux, trois, peut-être même quatre. Au rythme où ça va, je compte en ouvrir un autre d'ici un an ou deux, probablement à Walkerville.
— Il me semble qu'un endroit idéal serait plutôt sur le bord du lac, dans le bout de la rivière aux Puces. Comme ça, les clients américains pourraient venir en bateau.
— Est-ce que tu essaies de me dire que tu songes à ouvrir toi-même un hôtel ? Remarque que tu t'y connais en clients américains et en bateaux.
— Mais je suis loin de connaître le tabac comme toi, Jim.

49

— En tout cas, si tu vas de l'avant, assure-toi d'avoir un bon associé; c'est une chose que de bâcler une affaire sournoisement comme tu le fais chaque jour, ou chaque nuit, mais c'en est une autre que de servir le public.

— Ouais, je ne me vois pas tellement renfermé à l'intérieur, même derrière un bar. Mais t'inquiète pas, j'ai un plan en tête.

— Je n'en doute pas, cher escroc.

* * *

Moins d'un mois après la rencontre entre Jim Cooper et Fredie Dufour, les électeurs ontariens sont appelés à se prononcer sur l'épineuse question du transport des boissons alcooliques. Il est en effet devenu manifeste que, entre Montréal et Détroit, l'Ontario sert ni plus ni moins de boulevard de la contrebande. Face aux pressions exercées par divers groupes prohibitionnistes, la Dominion Alliance au premier chef, la province décide de tenir un plébiscite le 18 avril 1921. Le résultat est clair : les Ontariens et Ontariennes s'opposent majoritairement au transport de toute boisson intoxicante sur leur territoire.

Fredie ne tarde pas à trouver une porte de sortie; il découvre même le pot aux roses. Un simple formulaire des douanes canadiennes indiquant une destination étrangère où la vente d'alcool est autorisée lui permet d'acheminer toutes les caisses que lui commandent ses nombreux clients. Officiellement, selon l'inscription sur les formulaires, ceux-ci sont de Cuba ou de l'Amérique latine. Ainsi, papiers en main, Dufour effectue deux, trois et parfois quatre voyages aller-retour vers Cuba dans une même journée ! Les douaniers s'y prêtent de bonne grâce... ou autrement.

Fier du succès de son commerce avec l'«Amérique du Sud», Fredie s'offre une nouvelle détente, rue Pitt évidemment. En se présentant à la même adresse que l'autre fois, on lui dit que la grande blonde est occupée pour le moment. D'intéressantes possibilités s'offrent sur-le-champ, toutes plus alléchantes les unes que les autres, mais le contrebandier décide d'explorer ailleurs dans cette avenue des plaisirs. Son regard se promène d'une maison de passe à l'autre : avide, intrigué, hésitant aussi. Il pénètre dans le bar du Windsor Hotel, cale deux bières, puis revient à son premier arrêt. La patronne est maintenant disponible. Nouvelle excitation. Nouvelle explosion. Nouvelle extase.

Dans les jours qui suivent, Fredie rend visite à son ami du Cooper Court. Au moment où il arrive à Belle Rivière, un cortège funèbre quitte le village. En entrant à l'hôtel, Dufour demande à Cooper pour qui le glas sonne.

— C'est le troisième enterrement de la journée, pis personne d'ici est mort. Le corbillard se dirige chaque fois vers un « cimetière » américain.

— Tu veux pas me dire que le cercueil est plein de...
— En plein ça, Fredie.
— Que la prohibition repose en paix !

SEPT

Mai 1922. Les cerisiers sont en fleurs et les pelouses ver-
doyantes. Les bateaux voguent sur le lac Sainte-Claire, ceux
de plaisance comme ceux de délinquance. Chacun vaque à ses
occupations, à ses affaires surtout.

Édouard Marentette ne livre pas sa marchandise par bateau
ou cargaison en route vers le Sud. Il lui faut néanmoins s'approvisionner sur une large échelle pour satisfaire une clientèle
de plus en plus croissante dans les quartiers huppés de Détroit.
Comme les voitures en provenance de Montréal s'exposent
trop souvent à des fouilles, Eddie a orchestré un autre réseau
de transport tout aussi efficace que le premier. Son plan est si
savamment conçu que même Fredie, pourtant pas novice en la
matière, en reste bouche bée. La combine s'avère doublement
gagnante. Pour la modique somme de 1 000 $, Eddie achète
un cheval de course livrée par train depuis Montréal. La bête
est placée dans un wagon équipé de compartiments secrets
derrière lesquels sont entassées jusqu'à deux ou trois cents
caisses de boisson. Puisqu'il s'agit, en principe, d'un simple
cheval destiné à un résident de l'Ontario, l'achat échappe à
l'œil scrutateur des douaniers. Ainsi Marentette prend tout

53

bonnement possession de sa monture... et du «foin» qui l'accompagne.

En plus de répondre adéquatement à la demande de ses clients et de fournir son ami Émile, le rusé contrebandier dispose d'un cheval de course qui, plus souvent qu'autrement, lui rapporte des bénéfices supplémentaires. Mais ce gain d'appoint compte pour bien peu; il laisse d'ailleurs cet à-côté entre les mains du rouquin, devenu un as des paris. Quand il n'est pas en train de livrer des œufs ou des bouteilles habilement dissimulées, on le retrouve soit aux pistes de course, soit au cinéma. Ce sont là ses deux passions. Alfred Dufour, pour sa part, cultive une autre sorte de passion. D'occasionnelles, ses visites dans la rue Pitt sont devenues régulières. La patronne l'accueille toujours à bras ouverts dans son sein, lui réservant même un traitement de faveur. Fredie apprécie les charmes de sa grande blonde, mais une certaine routine commence déjà à s'installer. L'homme au torse velu lorgne donc du côté des autres chambrettes. Lui-même dispose d'une variété de clients sur le boulevard de la contrebande; pourquoi n'en serait-il pas de même sur l'avenue des plaisirs?

Entre deux escapades dans la rue Pitt, entre deux livraisons à Cuba, ou presque, Fredie rend visite à Eddie. Le premier juin approche. Jour du recensement. Avec ses quelque trois millions d'habitants, l'Ontario forme plus du tiers de la population canadienne. Mais les deux contrebandiers ont autre chose à recenser que des têtes de pipe, surtout lorsque celles-ci ne sont pas libres d'acheter leur boisson préférée.

— Comment vont les affaires, Eddie?
— J'étais justement en train de compiler mes propres statistiques. Tout m'indique que les affaires continuent d'être à la hausse.
— Je suppose que tes calculs n'incluent pas les chevaux de course.

54

— Non, je laisse ça à Émile.

— La tête rousse ?

— Oui. C'est un gars qui est plus brave sur les paris que sur les commandes. Il se débrouille bien avec ses idées originales.

— Original pour de vrai avec ses œufs ! Il doit aussi être pas mal patient.

— Émile passe des heures à tout fignoler, à se promener à bicyclette, à bavarder avec ses clients.

— J'espère qu'il se garde quelques heures pour faire autre chose.

— J'en doute.

— Et toi, trouves-tu le temps de t'amuser un peu ?

Avant même d'attendre la réponse, Fredie se lève pour prendre une autre bière et revient, sourire aux lèvres. Ses yeux sont plus perçants, sa démarche plus nonchalante, sa voix plus chaude. Sur un ton familier, presque enthousiaste, il parle avec volubilité de la rue Pitt comme si Eddie connaissait les marchés qui sont conclus dans ce coin de la ville. Les détails ne manquent pas, parfois lancés de manière un peu crue. Puis, entre deux gorgées et deux rires gras, la conversation glisse vers une femme en particulier, cette grande et ravissante blonde. La description que Fredie en donne, sans se faire prier le moindrement, amène Eddie à froncer les sourcils et à balbutier quelques mots.

— Étrange ressemblance.

— Qu'est-ce que tu racontes ?

— Rien. Juste une idée vague.

— Tu devrais venir avec moi un soir. Tu verrais qu'il n'y a rien de vague là-bas. Tout est en chair et en os. En chair surtout ! Le seul problème, c'est qu'il faut en choisir une seulement, une à la fois comme dit la patronne. Et on a évidemment l'embarras du choix : grande aux cheveux blonds, dodue aux cheveux châtains, mince aux cheveux bruns et au teint laiteux...

Il n'y a plus de doute dans l'esprit d'Eddie. Tout est clair maintenant. Ces jeunes femmes rencontrées à Montréal font le trottoir à Windsor. Cette brunette au visage opalin se trouve quelque part dans une maison close de la rue Pitt. Des visions troublent un instant son esprit; tout se brouille: souvenirs d'une contemplation à bord du train, images d'un rêve qui a fini en sueurs, scènes d'un film d'évasion sentimentale. Puis tout se précise. Sa mémoire lui bombarde le portrait de celle qui, la première, a fait chavirer son cœur. Elle doit avoir tout au plus 20 ans.

— Tu m'as l'air bien sérieux tout d'un coup, Eddie. Je te parle de belles créatures et tu prends une face de carême. Viens donc avec moi demain soir. Amène ton ami Émile. Je vais faire les présentations, pis on va s'amuser en s'il vous plaît. Qu'est-ce que tu en dis?
— Je suppose que... Je pourrais toujours...
— C'est oui ou c'est non?
— D'accord en ce qui me concerne. Je ne peux rien promettre pour Émile, mais je l'inviterai.

Le lendemain, Fredie est retenu à son entrepôt par un nouveau client qui présente d'intéressantes perspectives. Eddie décide néanmoins de se rendre à l'adresse que son ami lui a laissée. Il a cependant toute la misère du monde à convaincre Émile de l'accompagner. Celui-ci s'esquive d'abord sous prétexte de vouloir assister à une course de chevaux; puis lorsque Eddie revient à la charge, il bredouille et finit par inventer une commande urgente à livrer à un pauvre musicien. Nouvelle supplication au nom de l'amitié. Devant autant d'insistance, Émile accepte en se mordant les pouces.

La voiture est laissée à une courte distance de la rue Pitt et les deux hommes s'y rendent à pied, chacun coiffé d'un panama. Ils déambulent nerveusement, ne levant les yeux que pour chercher un numéro sur une porte. Ces deux hommes sveltes et élégamment vêtus deviennent rapidement le point de mire d'une armée prête à passer à l'attaque. Ils sont mitraillés de regards avides et d'invitations séduisantes. Eddie sent son cœur battre à un rythme effarant. Émile sent ses jambes défaillir et son corps transpirer de partout. Un autre sourire, une autre invitation. D'une grande blonde cette fois. Puis un visage apparaît à la fenêtre… Il n'y a qu'une marche à gravir, mais les deux amis trébuchent en entrant, l'un figé par ce portrait qui prend vie, l'autre envahi par cette peur qui prend le dessus.

Eddie s'étouffe en allumant une cigarette, se ressaisit et se retourne pour dire un mot à Émile, mais celui-ci s'est déjà faufilé. La gorge serrée, le rouquin presse le pas dans la sordide rue.

Elle est là, devant lui, aussi délicate qu'une rose, aussi blanche qu'une rose, aussi parfumée qu'une rose. Toutes les autres fleurs s'éclipsent devant un tel bouquet. Combien longtemps est-il demeuré debout dans cette pièce, dans ce jardin ? Eddie ne saurait le dire. Épris, captivé, il perd la notion du temps. Aucun mot ne lui vient à la bouche, malgré toutes les formules préparées d'avance. Subjugué, fasciné, il demeure immobile, oubliant même d'enlever son chapeau. Vivianne le lui retire doucement d'une main, glissant l'autre dans sa paume un peu trop moite. Passionné d'elle. Entièrement ensorcelé par elle. Eddie flotte. Ses pas somnambules se dirigent vers une chambrette. La porte se ferme.

Du regard, puis du geste, le couple s'apprivoise. La nuit les enveloppe. La douceur les couvre. Mais la nervosité d'Édouard ne se dissipe pas. Elle se transforme même en un malaise. Indescriptible et tenace. Les lieux sans doute. La présence d'autrui derrière cette porte. Que doit-il faire? Que doit-il murmurer?

— Je...
— Je sais, mais ne le dis pas.

Combien de fois n'a-t-il pas rêvé de cette rencontre? Combien de fois n'a-t-il pas imaginé cette première nuit? Combien de fois n'a-t-il pas souhaité ce tête-à-tête? Et maintenant, ce soudain barrage. Toutes ces paroles tues sur le bout des lèvres. Toute cette sensibilité gelée à fleur de peau. Toutes ces émotions nouées au fond du cœur.

— J'aurais tellement voulu...
— Viens te blottir contre moi.

Les heures s'envolent et emportent avec elles le malaise d'Édouard. Il dort, la tête enfouie dans le creux de l'épaule de Vivianne Perras. Outre son chapeau, elle lui a enlevé un baiser, rien de plus. Et quand les premiers rayons de soleil se mettent à danser dans la chambrette, elle a déjà disparu, enrichie de ce seul baiser. Un silence règne, trop lourd, trop abrutissant. Une solitude s'impose, trop pénible, trop vulnérable. À son tour, Eddie se faufile, d'abord dans une pièce vide, misérablement vide, puis dans une rue vide, misérablement vide. L'avenue des plaisirs est fermée pour réfections. Revenez dans quelques heures, elle se sera faite une beauté.

Au tournant de la rue, Eddie croise deux hommes au sourire moqueur. Il baisse aussitôt les yeux, comme un enfant pris en faute; pourtant, il voudrait les railler, les mépriser, leur crier « Vous vous trompez. » S'il est venu dans cette rue, c'est avec des intentions bien différentes de celles qui ont poussé ces deux hommes avides et grotesques. Et il reviendra, animé des mêmes dispositions.

Arrivé à la voiture, Eddie aperçoit Émile, recroquevillé sur la banquette arrière. Autre solitude, autre silence.

— Tu sais…
— Je sais, mais tu demeures mon ami.
— Merci. Merci, Eddie.
— Tu l'as vue ?
— Oui, elle est vraiment belle.
— Il faut que je la sorte de là.
— Tu comptes y retourner bientôt ?
— Mets-toi à ma place. Je veux dire…
— Je comprends. Y a de quoi faire un beau film : *True Passion*.
— Laisse faire le scénario, Émile. Allons plutôt manger des œufs, des vrais, et du bacon.

HUIT

Pendant que Fredie Dufour fignolait ses plans pour ouvrir un hôtel à l'embouchure de la rivière Détroit, un entrepreneur aussi énergique que lui réalisait de bonnes affaires à l'autre bout de ce même cours d'eau, et ce, depuis déjà quelque temps. On pourrait même dire qu'il se classait dans la ligue majeure, avec des personnes de la trempe de James Cooper. Pour Fredie, cet homme de la réussite était moins un rival qu'un modèle à imiter.

Vital Benoît était né à Pain Court, dans le comté voisin de Kent, mais s'était établi à l'ouest de Windsor en 1898, sur un vaste domaine qui allait plus tard faire partie du pittoresque village de La Salle, nommé en souvenir du célèbre explorateur français, René Robert Cavelier, sieur de La Salle, de passage dans cette région en 1669. Dès son arrivée Benoît avait acheté le vieil hôtel Wellington et s'était porté acquéreur, du même coup, de tous les terrains avoisinants pour la somme de 1 400 $. Ce Canadien français avait vraiment la bosse des affaires. En peu de temps son commerce prit des proportions gigantesques; il devint propriétaire d'un deuxième, puis d'un troisième établissement. Même l'hôtel Windsor, située sur la fameuse rue Pitt, lui appartenait.

Avec la prohibition qui battait son plein, l'hôtelier entra dans ce qu'on pourrait appeler ses années fastes. C'était la belle époque pour tous ceux qui savaient oser, qui ne craignaient ni le risque ni le danger. Et Vital Benoît figurait certes parmi ces aventuriers. Période également de gloire et de grande fortune pour les entrepreneurs qui savaient canaliser leurs énergies et leurs ressources dans la bonne direction. Vital Benoît était évidemment de ceux-là.

En affaires il faut savoir poser le bon geste au bon moment. Benoît ne l'ignorait pas, loin de là. Il vendit l'hôtel Wellington et fit construire un luxueux château qu'il baptisa naturellement Château LaSalle. L'établissement allait accueillir une côterie de riches clients pendant plusieurs années à venir. Au même moment, ce père de famille logea ces quatre garçons et trois filles dans une somptueuse résidence, érigée selon ses propres plans, à quelques milles de son nouveau commerce. Il offrit à sa progéniture la meilleure éducation possible, envoyant au besoin ses enfants dans des institutions de renommée. De ce côté-là, ses efforts ne furent pas tous couronnés de succès; son fils Milton fréquenta pendant quelques années le Collège Loyola, à Montréal, mais sans en retirer tout le profit souhaité par le père.

Surnommé Ti-Blanc, en raison de sa chevelure précocement blanchie, Milton Benoît s'initia très jeune à toute une gamme d'activités illicites. Dès l'âge de 12 ans, il volait impunément de la boisson des contrebandiers pour ensuite organiser, toujours impunément, des rencontres bien arrosées au bénéfice de ses amis, dont le cercle s'élargissait proportionnellement au nombre de bouteilles chipées. Puis, d'une cuite à l'autre, d'une observation à l'autre, Ti-Blanc se retrouva sur la route, sur une bonne piste pour ainsi dire. Il suivait la trace des rumrunners. Au début, à 14 ou 15 ans, Milton accompagnait quelques contrebandiers, les aidant surtout à faire avancer leurs bagnoles sur la glace. Un jour, ou plutôt une nuit, le jeune homme entendit un coup de feu; la balle siffla si près de lui qu'elle fit voler ses lunettes en éclat. Puis une seconde balle l'atteignit à la jambe. La police ne réussit pas à mettre la main sur le jeune Benoît, que la presse locale décrivit aussitôt comme *a vanished bootlegger* pendant plusieurs semaines.

Qu'était-ce une balle ou deux perdues dans la nuit? Simple bagatelle. Il fallait un obstacle plus grand qu'une petite cartouche pour empêcher Milton Benoît de revenir sur la scène. Aussi, comme un laitier qui connaît bien son circuit, se mit-il à faire ses propres livraisons aux petites heures du jour. En cela, Ti-Blanc ressemblait comme deux gouttes d'eau à Fredie.

Mais contrairement à Dufour, Benoît avait plus d'une corde à son arc. Pour lui, l'escroquerie était un jeu d'enfant. Tant et si bien qu'il organisa un réseau de faux chèques tirés sur des fonds fictifs de compagnies toutes aussi imaginaires. Son ingénieux réseau de falsification s'étendait depuis Windsor jusqu'à Kirkland Lake, dans le Nord de l'Ontario, et aussi loin que Sainte-Agathe, du côté québécois. De cette contrefaçon, il s'assura facilement un salaire annuel d'environ 35 000 $, dépensant prestement l'argent gagné sous un rapide coup de plume. Ti-Blanc aimait bien plaisanter en affirmant que son goût pour la «paperasse», comme on appelait alors ce genre d'industrie, lui était venu de son bref séjour au Collège Loyola!

Pendant plusieurs années, Milton réussit à déjouer la police, d'abord en signant ses chèques de la main gauche, ensuite en supervisant étroitement son réseau. La police chercha longtemps à découvrir l'endroit où Benoît cachait les presses servant à imprimer les faux chèques. Elle défonça même le plancher de la chambre d'hôtel où le falsificateur avait élu domicile, mais en vain. Milton savait s'organiser et prévoyait à l'avance les embûches. Lorsqu'un porteur de faux chèques se présentait à un magasin pour encaisser son soi-disant dû, il se trouvait toujours quelqu'un dans une cabine téléphonique pour recevoir l'appel de vérification. Cet employé tenait le patron au courant des chèques encaissés et, ainsi, ce dernier ne se faisait pas rouler par ses agents intermédiaires. Ti-Blanc était non seulement rusé, mais habile. En moins de dix minutes il pouvait soigneusement examiner une signature et la forger impeccablement. À plus d'une occasion la police lui fit passer des tests de calligraphie, mais elle se contenta toujours d'échantillons provenant de la main droite.

Le fils tenait du père, son meilleur tuteur s'il n'en fut jamais un. Vital initia Milton à un certain milieu, à une certaine bande d'entremetteurs ayant établi leurs quartiers généraux au bar Mac's de l'avenue Jefferson, à Détroit. Fredie Dufour connaissait cette bande surnommée Purple Gang, mais l'évitait pour ne pas tomber dans ses pièges. Ti-Blanc fraya avec eux pendant une courte période, puis se tourna vers d'autres activités. Grâce à sa forte taille et à son air un peu hargneux, il fut engagé comme gardien et homme de confiance, ou de méfiance, dans des hôtels et clubs de deuxième ordre situés pour la plupart dans la rue Pitt. Les petites Québécoises qui travaillaient elles aussi dans le coin le lorgnaient, mais ce client à la carrure d'athlète était exclusivement réservé à leur patronne.

Elle entretenait de bonnes relations avec Ti-Blanc Benoît et faisait même parfois appel à son amicale collaboration. Avec plus d'une douzaine de maisons closes le long de la seule rue Pitt, la concurrence s'avérait on ne peut plus féroce. Aussi la Montréalaise avait-elle eu l'idée de lancer, avec l'aide de Milton, une sorte de campagne publicitaire qui ne coûtait presque rien et qui rapportait, en retour, de fort bons dividendes. Le plan consistait à distribuer des cartes d'affaires annonçant son commerce. Ces petites invitations étaient remises aux robineux des environs et portaient leurs initiales. Si un client se présentait avec l'une des cartes, le soûlard en question recevait un dollar. Autre temps, autres méthodes de relations publiques. Il faut dire que Benoît, père, bénéficiait de ce système de promotion puisque les services rendus étaient offerts sous le toit d'un de ses édifices sis dans la rue Pitt. Les gains se faisaient sentir à la fin du mois lorsque la Montréalaise s'acquittait du loyer, dont le prix fluctuait selon le rythme du marché en question... L'argent n'a pas d'odeur, dit-on. Ni de sexe, paraît-il. Quoiqu'il en soit, l'homme d'affaires originaire de Pain Court encaissait volontiers ces petites mensualités qui s'ajoutaient à des recettes beaucoup moins marginales. Tout compte fait, il disposait de ressources fort considérables pour mener à bonne fin ses nombreuses entreprises.

Propriétaire du seul magasin général dans sa région d'adoption, et maître de poste par surcroît, Vital Benoît accueillait un flot de clients à la recherche de toutes sortes de provisions et de services. Pour répondre à leur demande, il gardait toujours quelques barils de whiskey dans sa cave. L'hôtel Château La Salle, pour sa part, demeurait des plus fréquenté, tant pour ce qu'on y servait à boire qu'à manger. En effet, madame Benoît avait la réputation de cuisiner d'appétissants plats de poisson, de poulet et de cuisses de grenouille vendus à soixante-quinze sous l'assiette. Fredie Dufour s'y rendait à l'occasion pour se délecter le palais.

Vital Benoît savait bien tirer ses ficelles, s'assurant toujours d'un monopole lucratif. Pendant longtemps il fut le seul agent attitré de la région pour la vente du whiskey Corbey. À un certain moment, il eut aussi les droits exclusifs sur la bière Labatt. Pour acheminer tout son stock et, du même coup, accommoder un autre genre de clients, Vital eut la bonne idée de faire construire un canal menant directement de la rivière à son hôtel. Des cargaisons de 1 500 caisses de bière glissaient ainsi tout droit dans les caves du prestigieux hôtelier. Et des flotilles de bâteaux américains s'alignaient chaque fin de semaine vers le Château. On était loin des quelques bouteilles achetées au Québec pour un prétendu usage personnel.

Avec des affaires aussi florissantes autour du Château La Salle, la région se développa, le tramway fit une percée dans cette direction, les terrains se vendirent progressivement et les maisons poussèrent comme des champignons. À tel point que tout un village fut créé. Et c'est évidemment Vital Benoît qui se chargea d'en obtenir l'incorporation. Respecté de tous, il fut élu premier maire de La Salle. Sept rues du village n'ont pas un nom mais plutôt un prénom: Elseworth, Allan, Robert, Nora, May, Violet et Milton. La progéniture de Vital Benoît.

NEUF

La coutume veut que l'on adopte de bonnes résolutions au début de l'année. Aussi, en cette première semaine de janvier 1922, Alfred Dufour se plie-t-il volontiers à une telle tradition. Après mûres réflexions et maintes consultations, il prend une importante résolution... celle d'ouvrir un hôtel. Voilà un projet caressé depuis déjà quelque temps; voici maintenant venue l'heure de le mettre en œuvre, avec un peu d'aide de son ami. Il se rend donc chez Édouard Marentette.

— Salut, Eddie. Je te souhaite une maudite bonne année!
— Moi, Fredie, je te souhaite le paradis avant la fin de l'année.
— Parle-moi de ça. T' as bonne mémoire, pis t'apprends vite.
— En tout cas, on ne peut pas dire que 1921 nous a fait goûter à l'enfer.
— Et je ne vois pas pourquoi on passerait 1922 au purgatoire.
— Certainement pas. Faut viser le paradis.
— Est-ce qu'un petit coup t'empêcherait de viser juste?

— Ça m'a jamais empêché d'atteindre mon but. Qu'est-ce que tu me sers?

— Bière, rhum, whiskey... tu as le choix.

— Comme je sais que ton whiskey est du Corbey de première classe, mon choix est déjà fait.

Les deux hommes s'installent devant une cheminée qu'Eddie a fait ajouter au cottage pour le rendre encore plus confortable durant les rudes hivers sur le bord du lac. Le feu danse dans l'âtre et Fredie ne peut s'empêcher de remarquer comment tout reluit de propreté dans cette maisonnette. Il y a même des décorations de Noël accrochées ici et là, alors que chez lui les murs sont entièrement nus. À n'en point douter, c'est un partenaire comme Eddie qu'il lui faut s'il veut ouvrir un hôtel d'au moins deux étoiles, peut-être trois.

— Une autre année de prohibition.

— Une autre année de contrebande.

— Tout compte fait, l'année 1921 s'est bien passée, en dépit du fameux référendum. Notre stock arrive, d'une manière ou de l'autre, et la police n'est pas trop souvent à nos trousses. Du moins pas dans mon cas. Toi, Fredie, le Panther II ne t'a pas encore barré la route?

— Non, ces patrouilleurs ne sont pas plus dangereux que des enfants qui jouent dans le sable. La police montée est plus à craindre; c'est elle qui me met les batons dans les roues.

— As-tu eu des ennuis avec la Police montée?

— T'es pas au courant? Faut croire que j'ai été trop occupé sur la route pour te raconter ça.

— Ou sur la rue Pitt...

— Ouais, c'est vrai que je passe y faire un tour régulièrement. En tout cas, ces maudits imbéciles sont venus vers la fin d'octobre pour fouiller dans mes affaires. Ils avaient eu vent qu'un important voyage s'était rendu jusque dans ma cour. Comme il s'agissait d'environ 1 200 gallons, les gars se sont présentés le plus vite possible, sachant bien que je n'aurais pas le temps de tout liquider ça d'un coup.

— Faut dire que c'est l'affaire de plusieurs commandes, pis de plusieurs voyages.

— À qui le dis-tu ? Évidemment que je n'avais pas pu disposer de tout ça en une nuit. Mais j'avais eu le temps de l'entreposer.

— T'avais caché 1 200 gallons sans qu'ils puissent en retrouver une seule trace ?

— Certainement. Les épais ont fait le tour de la maison, ils ont fouillé les chambres à coucher, ils sont montés au grenier, ils ont regardé dans le poulailler abandonné, ils ont soulevé la paille partout dans la grange, pis ils sont repartis les mains vides.

— C'est ce qu'on appelle bredouilles. Mais diable ! où est-ce que t'avais vidé tes 1 200 gallons ?

— Tu piges vite, Eddie, plus vite que ces enfants de chienne qui osent s'appeler des gendarmes. Ils cherchaient des contenants, mais je les avais justement vidés, comme tu dis.

— Où ?

— Dans ma citerne.

— Pas vrai ?

— Vrai comme je suis là devant toi. J'avais pompé toute l'eau, pis rempli la citerne de boisson. Comme tu le sais, la citerne est creusée sous la maison et l'ouverture donne sur le plancher de la cuisine, sous un épais et vieux tapis qui n'attire pas l'attention.

— Heureusement que les gars de la Police montée n'ont pas eu soif. Ils auraient eu une petite surprise en se pompant un verre d'eau.

— Parlant de verre d'eau, sers-moi donc un autre verre d'eau-de-vie.

Fredie a à ses côtés un homme dix ans plus jeune que lui. Mais à 27 ans, Eddie fait preuve de maturité, d'ambition et d'initiative. Il ne s'énerve pas dans les situations troubles, il cherche toujours à se dépasser, il regorge d'idées neuves, intéressantes et, surtout, pratiques. De plus, et cela ne saurait être minimisé dans une entreprise hôtelière, son allure est raffinée, son style est distingué, son physique est agréable. Chose certaine, il plaît aux femmes. Fredie l'a d'ailleurs appris en bavardant comme ça avec une certaine patronne de la rue Pitt.

— Tu vois toujours la petite Vivianne?
— Et toi, la grande blonde?
— T'as raison. Ça ne me regarde pas. Je ne suis pas venu ici pour parler de ta vie privée, ou de la mienne d'ailleurs, mais pour te proposer un marché.
— Quelque chose de payant, j'espère.
— À nous de rendre l'affaire payante.
— De quoi s'agit-il?
— Je souhaite ouvrir un hôtel et je voudrais t'avoir comme associé.
— Moi? Mais…
— Laisse-moi finir, Eddie. Voilà deux ans que je te regarde faire et je suis pas mal impressionné. Tu ne t'es jamais fait pincer, tu doubles ton chiffre d'affaires tous les six mois, en un mot, tu es un gagnant.
— Mais je n'ai pas la moitié de ton expérience, ni même le quart de ta fortune.
— Laisse-moi donc finir! Tu possèdes des qualités que je n'ai pas et ton potentiel vaut autant que mon avoir. Ensemble on peut diriger un hôtel qui fera l'envie de James Cooper et de Vital Benoît.

Eddie pense tout de suite à une autre personne qui pourrait aussi embarquer dans ce projet, mais n'ose pas prononcer son nom. Chaque chose en son temps. Pour le moment on lui fait une offre avantageuse qu'il ne saurait décliner.

— Et où est-ce que tu veux ouvrir un hôtel?

70

— Pas JE mais NOUS : nous pourrions choisir une place à mi-chemin entre le Cooper Court et le Château La Salle.

— Ça nous amène à peu près dans ce bout-ci.

— Eh oui ! Directement à côté de ton cottage.

Tout en continuant à discuter, Eddie prépare le souper. Puis les deux hommes passent à la table, dévorent chacun une copieuse assiettée de perchaude légèrement panée et savourent un vin de grand cru. Une bouteille tirée tout droit de la pharmacie !

— C'est ce que le médecin a prescrit.

— Oui, je connais bien le remède.

Tout au long de la conversation, d'abord devant la cheminée, ensuite au cours du repas, Eddie et Fredie remarquent un changement dans leurs rapports. Quelque chose de subtil, de difficile à décrire. Une sorte d'empathie qui enrichit leur amitié. Quelques souvenirs leur reviennent alors à l'esprit. Au début, lors des premières rencontres, les échanges étaient brefs, les mots lancés sur un ton très neutre. Cela avait duré une saison, la relation devenant petit à petit plus cordiale. Puis, grâce à des contacts réguliers, les deux hommes s'étaient franchement liés d'amitié. Aujourd'hui, ils se racontent tout... ou presque. Et ce soir, assis de nouveau devant le feu, Eddie et Fredie assistent à un point tournant. Cette empathie est accompagnée d'une confiance mutuelle.

— Tu sais, Eddie, j'ai toujours été le genre de gars qui agit dans les coulisses. Y a des affaires qui se règlent sur scène, pis d'autres derrière les rideaux. Moi, je m'occupe mieux des deuxièmes. Et je crois que toi, tu peux très bien voir aux premières.

— C'est vrai que j'aime rencontrer les clients, connaître leurs goûts et m'assurer à ce qu'ils soient comblés. Toi, Fredie, tu préfères traiter avec les *middle men*, les intermédiai-

71

res, parfois même les entremetteurs… Je crois qu'il faut les deux dans un hôtel. Comme ça, on se complète.

— À ce que je vois, on se comprend aussi.

Une autre bûche pour raviver le feu. Un autre verre pour sceller une entente.

* * *

Chaque fois qu'Édouard Marentette retourne voir Vivianne Perras, rue Pitt, ils passent des soirées entières, parfois des nuits entières à se parler, à se blottir l'un contre l'autre. Mais pour Eddie la chambrette de son amie est une cellule qui brise l'intimité, une geôle qui entrave leur relation, une prison qui limite leur liberté. Impossible de la faire venir chez lui, car la patronne n'autorise pas des absences prolongées hors de la ville. Il serait trop difficile de contrôler les revenus dans de telles situations. Tout au plus accepte-t-elle, en de rares circonstances, de laisser ses employées travailler à domicile en ville, chez un client qu'elle a déjà rencontré et qui a payé d'avance. Les affaires sont les affaires, sur le boulevard de la contrebande comme dans l'avenue des plaisirs.

Dans le cas d'Eddie le problème se complique doublement. Primo, la patronne sait qu'il voit sérieusement Vivianne et qu'il cherche à la convaincre d'abandonner son travail. Elle le tient donc à l'œil. Secundo, Eddie ne peut se résoudre à payer pour aimer Vivianne. Celle-ci ne veut pas être achetée, mais comment quitter les lieux sans au préalable conclure un marché? Un plan est mûri avec l'aide d'Émile et de Fredie. Le premier part dans le Sud pour quinze jours de vacances et offre son appartement au centre-ville. Le second se rend dans la rue Pitt, joue le rôle de client, règle l'affaire avec la patronne qui lui fait pleinement confiance et conduit ensuite Vivianne auprès d'Eddie.

L'appartement du rouquin a pris des airs de château. Ce grand romantique a vraiment pensé à tout. Des chandelles sont disposées ici et là, la table est dressée, du champagne repose au frais, même les taies d'oreiller ont été recouverts de satin.

Aimer et être aimé. Prendre et être pris. Enfin. Puis recommencer, raffiner le geste, redire sa pensée.

— Chair de lilas blancs.
— Havre de tendresse.
— Baume de fraîcheur.
— Enclos de vigueur.
— Nectar de douceur.

Aimer et être aimé. Enfin.

DIX

Entre ses courses de chevaux et ses soirées au cinéma, Émile Lespérance maintient son petit commerce. Depuis dix-huit mois, le nombre de ses clients n'a pas augmenté. Il préfère transiger avec une minorité de gens qu'il rencontre tous à intervalles réguliers, au lieu de chercher de nouvelles pistes somme toute plus rentables, mais assurément plus risquées. Le rouquin ne se classe pas dans la catégorie des aventuriers; non, il préfére de loin les méthodes et les techniques qui ont fait leur preuve. Rien de plus rassurant qu'une pratique fiable, se dit-il, en livrant chaque semaine des douzaines de douzaine d'œufs.

Émile mène une vie tranquille. Monotone, dirait Fredie. Le lundi matin, à l'instar de toutes les mères de famille, il fait sa lessive au Rinso. Le mardi, il suit la foule qui se rend au marché et se contente, pour sa part, d'acheter un seul produit, celui de la ponte. Le mercredi après-midi, il va immanquablement aux courses. Le jeudi est sa journée la plus remplie et la plus rentable puisqu'il rencontre ses clients du matin au soir. Le vendredi, après être passé à la banque et à son restaurant préféré, il s'installe confortablement dans une salle de cinéma. Le samedi, il prend son bain au Lifebuoy et, si la température est clémente, va se promener dans un parc pour écouter un orchestre de jazz. Enfin le dimanche, jour de repos, le rouquin fait la grasse matinée, rêvant de se retrouver dans les bras d'une vedette de la scène.

Depuis sa pénible aventure dans la rue Pitt, Émile n'a plus remis les pieds dans une maison de passe de ce coin mal famé des Villes-Frontières. Ce n'est pas là, du reste, qu'il risque de trouver ce qu'il recherche. Pour l'instant, il se promène à vélo dans un secteur résidentiel plus enchanteur. Défile alors sous ses yeux une kyrielle de petits châteaux. Walkerville regorge de superbes maisons : certaines sont en pierre avec des toitures de tuiles rouges, d'autres en brique aux façades recouvertes de lierre grimpant, d'autres encore en bois avec d'énormes colonnes blanches. Chacune témoigne du succès remporté par des entrepreneurs sans scrupules. Des fortunes amassées sous la table, sous le nez des douaniers.

Un vendredi soir, Émile invite Eddie au cinéma. Plusieurs nouveaux films tiennent l'affiche, dont un intitulé *Princess Mary's Wedding*. Mais Eddie ne s'intéresse pas trop à la monarchie et ce mariage princier avec le vicomte Lascelles ne lui dit rien. Émile aurait aimé voir toutes les têtes couronnées d'Europe autour de la famille royale et le faste de la cérémonie dans Westminster Abbey, mais ce sera pour une autre fois. Les deux amis hésitent entre *School Days*, avec Wesley «Freckles» Barry dans le rôle principal, et *Exquisite Hour* qui met à l'honneur Grace George et Norman Trevor. Ils optent finalement pour ce dernier et ne le regrettent pas. À leur sortie du cinéma Garrick, les deux contrebandiers blaguent un peu, mais rient nerveusement. Eddie traîne les pieds nonchalamment, ne sachant pas trop comment aborder un sujet délicat. Émile, qui ne se doute de rien, commente le film, critique l'actrice, plaisante sur le physique de l'acteur, bref, parle avec volubilité. Les vitrines déferlent sous leurs yeux, annonçant les derniers cris de la mode printanière. Une affiche fait mention de tissus importés *from the Old Country*. Non, il ne s'agit pas de la France. Un autre commerçant précise que ses prix sont conformes au vœu du Premier ministre Drury qui souhaite que la marchandise soit vendue à un prix équivalant le seul coût de remplacement de façon à encourager l'industrie du textile. Eddie s'arrête devant une autre vitrine pour admirer un complet en serge bleue, puis allume une Player's Navy Cut; il en offre une à son ami, mais celui-ci préfère les cigarettes Omar. Le rouquin grille la sienne et lance tout bonnement:

— Tu veux venir prendre un café chez moi?
— S'il vous plaît, Émile, n'insiste pas.
— Eddie, je t'ai simplement invité pour t'offrir une tasse de café.
— Excuse-moi. Je ne sais pas ce qui m'a pris. J'ai réagi bêtement et j'ai parlé de façon stupide.
— C'est oublié. Entrons au café du coin.

L'endroit est bondé de cinéphiles et les deux amis doivent jouer du coude pour atteindre le comptoir. Ils boivent leur café debout, au milieu d'une foule disparate, colorée et bavarde. Une femme d'un certain âge sirote un Cincinnati Cream pendant que l'homme à ses côtés commande un café. Il avale une gorgée, dépose la tasse sur une table encombrée et y verse autre chose que de la crème. Les deux amis se faufilent jusqu'au fond de la pièce où un banc vient d'être libéré. Cigarette au bec, ils amplifient le nuage de fumée qui couvre et mystifie tous ces habitués du bistrot. Curieuse atmosphère. À gauche, un couple s'entrelace. À droite, un vieillard somnole, la tête appuyée sur la cloison. Au milieu, un va-et-vient bruyant, impersonnel, à travers des conversations entrecoupées de rires gras. Escapade pour les uns, pause incognito pour les autres. Eddie fixe Émile qui regarde dans le vide.

— Tu devrais t'acheter une voiture; ça te serait tellement pratique, surtout en hiver. Je connais quelqu'un qui cherche à vendre sa Studebaker. À part du siège arrière qui a été enlevé, évidemment, elle est en excellent état. Il te ferait sûrement un bon prix.

— Je pourrais m'en servir pour aller à ton hôtel. Quand est-ce que les travaux débutent?

— Dès que le printemps s'annoncera. La terre est encore trop gelée pour commencer à creuser. Entre-temps, on finalise les plans de construction. Salle à dîner et piste de danse en bas, tables de jeu et salons privés en haut. Fredie a trouvé mon idée de bar réversible pas mal originale. C'est lui qui a imaginé le système de sécurité. On va être bien protégé.

— Je suppose que tout ça te tient occupé sept jours par semaine. Est-ce que tu trouves au moins le temps de revoir Vivianne? Tu sais, je peux m'arranger pour libérer de nouveau mon appartement.

— Merci, Émile. J'ai beaucoup apprécié ce que tu as fait pour Vivianne et moi. J'espère bien un jour l'amener à mon cottage, mais pour l'instant elle demeure toujours dans les griffes de la grande blonde. La consigne est claire: les rencontres qui ne lui rapportent rien sont interdites. Parlant de rendez-vous, je sais que ceux de la rue Pitt ne t'intéressent pas, mais il y en a d'une autre sorte ailleurs.

— J'imagine que tu réfères à ceux aux alentours de l'Hôtel Norton Palmer. Je ne savais que tu étais au courant.

— Les clients nous demandent des fois autre chose que de la boisson. Alors je me suis renseigné. Je ne sais évidemment pas ce que ça donne…

— Pas grand-chose, paraît-il.

— Tu n'y es pas allé?

— Non, ça ne m'intéresse pas. Je ne suis pas un acheteur, mais un vendeur. J'ai des clients pour mes œufs à Détroit, j'ai des clients pour mes chevaux de course à Windsor, mais je ne suis pas moi-même un client.

— De ce côté-là je suis bien de ton avis.

— J'imagine que ton ami Fredie, lui, se fait aussi souvent vendeur qu'acheteur. Il fréquente toujours régulièrement la maison de la rue Pitt?

— Oui, et l'autre soir il a été témoin d'une descente juste en face de son lieu de rendez-vous. Des policiers habillés en civils posaient comme clients et trois filles sont tombées dans leur piège. Paraît que l'arrestation a causé un peu de remous sur le coup, mais les choses sont vite revenues à la normale. De toute façon, après trente jours en prison, elles sont relâchées et recommencent à travailler.

— En tout cas, moi, j'ai d'autre sorte de travail à faire. Je rencontre un nouveau client demain. Alors je devrais rentrer.

— Toujours couche-tôt à ce que je vois. Quant à ça, moi aussi je dois me mettre en route. J'ai du boulot qui m'attend. Je suis sur le point de régler une très importante affaire. Un peu risquée, mais pas mal intéressante.

Les deux hommes se quittent, chacun fier de compter l'autre comme ami. Sur le chemin du retour, Émile passe devant l'Hôtel Norton Palmer, qu'il s'était pourtant promis d'éviter. Quelques jeunes hommes arpentent ensemble la rue presque déserte. Puis un garçon se détache du groupe, remarque le rouquin et s'arrête sous un lampadaire. Émile ralentit, fixe l'adonis droit dans les yeux, hésite un instant, mais ne répond pas à son sourire. Il a peur. Peur de lui-même. Et il file droit dans la nuit, seul, encore et toujours seul.

Le lendemain, après une nuit d'insomnie, Émile se rend au traversier, marchant distraitement dans des rues où tous, sauf lui, pressent le pas tant le froid est mordant. À son arrivée au quai, le traversier s'éloigne déjà; le prochain part dans une demi-heure. Entre-temps, il allume une cigarette Omar et se plaît à examiner les passagers en attente, cherchant à deviner qui parmi eux pratique le même métier que lui. Serait-ce le grand blond qui serre précieusement une valise dans ses bras?

Serait-ce cette dame au profil si mince, mais à la jupe si ample? Elle peut bien cacher douze bouteilles là dessous! Serait-ce ce bambin qui tient un vieil ourson au ventre curieusement gonflé? Serait-ce cette fillette qui berce dans ses bras une poupée un peu trop lourde?

Un coup de sirène fait sursauter Émile, qui abandonne aussitôt son enquête visuelle pour prendre place à bord du traversier. Comme toujours, les gens se bousculent, certains pour obtenir une place sur les rares bancs, d'autres pour passer inaperçus. Du quai de l'avenue Woodward à la rue Lafayette, où Émile a rendez-vous, il n'y a que quinze minutes de marche. À son arrivée à l'adresse indiquée sur un bout de papier chiffonné, un Noir dans la trentaine l'accueille, sourire aux lèvres. L'Américain loge dans un appartement décoré avec goût et meublé avec de gros sous. Émile se dit qu'il a devant lui un client fort prometteur, peut-être le plus important de son maigre réseau. Barry, comme il se prénomme, fume également des cigarettes Omar. Son complet en worsted lui sied très bien et accentue son charme. Quand son hôte propose d'ouvrir une bouteille de vin d'un cru difficilement accessible, même pour les meilleurs clients de Fredie ou d'Eddie, le rouquin sait ce que le Noir a en tête...

L'après-midi y passe. La soirée y passe. La nuit y passe.

ONZE

Le printemps, saison de la renaissance. Tout bourgeonne, tout éclate. C'est le grand branle-bas chez Dame Nature. À son instar, les humains aussi bourdonnent un peu plus à cette période de l'année, du moins ceux qui ne manquent pas d'énergie. Et dans les Villes-Frontières, en l'an III de la prohibition, il s'en trouve quelques-uns plus hardis que d'autres.

À n'en point douter, Eddie s'est embarqué ce printemps-ci dans une entreprise hasardeuse. L'affaire est dangereuse. Certains diraient même que le contrebandier agit de façon fort imprudente. Mais depuis qu'Édouard Marentette fréquente Alfred Dufour, il a appris à ne pas craindre le danger, voire à s'y exposer si les bénéfices justifient un tel geste. Leur devise pourrait s'intituler « Qui ne risque rien ne gagne rien ». Et dans ce cas, Eddie va toucher une jolie somme s'il réussit à mener son projet à terme ou, plus précisément, à bon port.

Face aux protestations des groupes prohibitionnistes et encouragée en cela par un procureur général on ne peut plus zélé, la police a redoublé de vigilance et accru sa surveillance sur les embarcadères où sont entassées les cargaisons à destination, en principe, de Cuba ou de quelque pays d'Amérique

81

latine. Muni de ses documents dûment signés, mais indûment libellés, Eddie parvient ordinairement à acheminer tout le stock dont il a besoin. Depuis quelques semaines, cependant, les douaniers sont moins accommodants et les patrouilleurs plus tenaces. Aussi doit-on faire preuve d'ingéniosité et se montrer encore plus astucieux. C'est à savoir qui, de la police ou du contrebandier, sortira vainqueur d'un concours de ruse. Les conditions de travail ne sont plus les mêmes. En plus de posséder les documents d'exportation, il faut maintenant détenir un diplôme en habileté!

Un mardi matin d'avril, Marentette et un collaborateur se rendent à l'embarcadère no 4 et prennent livraison du nombre de caisses indiqué sur le formulaire B-13, communément appelé «passeport». Les deux hommes se mettent à l'écart, soulèvent la banquette arrière de la Ford et camouflent les caisses de boisson. Eddie salue son collaborateur d'un clin d'œil et se met en route vers un quai où l'attend Fredie, prêt à charger la marchandise sur son bateau à destination d'un Sud pas très lointain. Or, en quittant l'embarcadère, rue Sandwich, Marentette sent qu'il se passe quelque chose de louche. Une voiture démarre en même temps que la sienne et emprunte le même chemin que lui. La police l'a observé de loin et est maintenant à ses trousses. Qu'à cela ne tienne, le contrebandier a prévu un tel coup. Il se met à zigzaguer dans les rues, passant de la Gladstone à la Lincoln, rebroussant chemin pour effectuer de nouveau le même manège, comme s'il tentait de semer l'intrus. Mais son plan demeure plus complexe que cela. En réalité Eddie tourne en rond, à la recherche de son complice. Au deuxième tour, il l'aperçoit à son poste, au coin de la rue Chatham, au volant d'une Chandler qui tombe en ruine. Le signal est donné.

L'acolyte, qui touchera sans doute une généreuse commission, conduit la bagnole à l'endroit convenu, en haut d'une côte. Il la place en position neutre, débarque et, au moment où la voiture policière s'approche, pousse la vieille Chandler qui se dirige aussitôt en direction de la rivière pour finalement y piquer du nez. Des passants s'affolent et accourent sur les lieux. Émile, qui revient du marché avec ses paniers d'œufs, est témoin de cette scène, mais ne sait pas encore qui l'a orchestrée. Quant au policier, il abandonne sa première poursuite et se précipite vers le lieu de l'accident, assuré que la vie d'un homme est en danger. Pendant ce temps, Eddie disparaît. Il a gagné le concours de ruse et fait honneur à son diplôme d'habileté.

* * *

Les travaux de construction progressent et l'hôtel prend forme selon les plans établis par Fredie et Eddie. Des fenêtres sont placées à l'est et à l'ouest pour pouvoir mieux épier les voitures suspectes et, ainsi, prévenir les descentes policières. Les menuisiers qui ont la charge de construire le bar travaillent sous la direction d'Eddie. Et le meuble qu'ils fabriquent minutieusement n'a pas son pareil ailleurs. Les tablettes sur lesquelles reposeront les bouteilles d'alcool peuvent s'éclipser d'un seul coup de main et être remplacées par une étagère remplie de boisson gazeuse. En un tour de bras, le whiskey Corbey cédera sa place au Cincinnati Cream, du moins pendant le temps que dureront les visites inopportunes. Eddie surveille aussi les travaux de plomberie, attachant une importance particulière aux tuyaux qui fourniront la bière en fût. Ces robinets doivent également pouvoir disparaître aussi prestement que les tablettes d'alcool et être remplacés par des fontaines de soda, au cas où les intrus auraient une soudaine soif.

Accaparé par ses nouvelles tâches, Eddie diminue sensiblement ses courses de l'autre côté de la rivière et refile quelques clients à Émile, qui conduit maintenant une Studebaker usagée. Entre deux visites sur le chantier de construction, entre des directives aux électriciens et des précisions données aux plâtriers, il trouve le temps de se rendre dans la rue Pitt et de bavarder des nuits entières avec Vivianne Perras. Celle-ci se fait d'ailleurs reprocher d'entretenir trop peu de clients les soirs où Marentette rôde dans la maison. Mis au courant des remarques de la patronne, Eddie devient encore plus déterminé à réaliser le projet qu'il caresse depuis déjà plusieurs mois. La grande blonde se dit que les choses sont moins compliquées avec Fredie, qui aime la variété et qui ne retient pas la même compagne une nuit durant.

Ce soir-là, l'homme au torse velu a toute une aventure à raconter à la patronne de sa maison préférée. Après s'être diverti dans une chambrette, avec une petite rousse cette fois, il s'assoit auprès de la Montréalaise et lui fait part de l'affrontement qu'il a eu avec la police, à Comber, non loin de son « quartier général ».

— Depuis quelques semaines les flics me suivaient. Ils me lâchaient pas d'une semelle. Des vraies mouches sur un tas de marde.

— Sur un tonneau de mélasse, plutôt.

— En tout cas, les fatigants se sont mis dans la tête de m'arrêter. Mais ils ont mal choisi leur moment. On était trois ou quatre dans la voiture lorsque la police nous a surpris. Comme je ne cours pas vite — je suis plus rapide en bateau qu'à pied — j'ai été le premier à me faire mettre la main sur le collet. Imagine-toi qu'ils m'ont menotté au volant de la voiture et sont ensuite partis à la recherche des autres.

— C'est bien la première fois que tu te fais pincer, mon beau nounours.

— Pincé, mais pas emprisonné, même pas questionné.

— Comment ça ?

— Un de mes assistants est revenu sur ses pas, est sauté dans le char, pis a démarré, en direction de Windsor. Chaque fois qu'il prenait une courbe ou qu'il tournait, mon bras suivait.

— Sacré Fredie! T'es vraiment imbattable.

Quant à Vivianne, elle a droit à une autre sorte d'histoire, à des confidences plus exactement. Eddie croit le moment venu de lui proposer un marché.

— Combien gagnes-tu ici?
— Quand c'est tranquille, je me fais environ 800 $ par semaine; quand c'est achalandé, je touche environ 900 piastres.
— Je peux te garantir le même salaire ailleurs, pis dans des meilleures conditions à part de ça.
— Tu connais un autre bordel?
— Il ne s'agit pas d'un bordel mais d'un hôtel.
— Pas l'Hôtel Prince Edward?
— Non. Quand je dis ailleurs, c'est dans un autre genre de commerce, pas celui que tu pratiques depuis presque trois ans.
— Tu sais, à part l'amour, je ne suis pas douée pour faire grand-chose.
— Tu es la femme idéale pour jouer le rôle d'hôtesse.
— Où ça?
— Dans mon hôtel.

Vivianne est hébétée. Depuis qu'elle est arrivée à Windsor, elle se sent prisonnière de la grande blonde. Voilà sa chance de briser les liens de dépendance. Il y aura un prix à payer, mais qu'importe; ses économies lui permettent largement de s'acquitter du versement de libération. Eddie ne doit pas en connaître le montant.

— Je suppose que tu ne peux pas partir d'ici sans faire les frais d'une pénalité. C'est combien?
— Cela me regarde, Eddie. Je me suis embarquée dans cette affaire, je vais m'en sortir toute seule. Oui, m'en sortir pour repartir à neuf, avec toi.

— Et cette fois il n'y aura pas de dépendance. Tu seras ma partenaire. Je devrais plutôt dire NOTRE partenaire puisque Fredie est mon associé.

— Et il voudra de moi?

— Il n'aura pas le choix.

Debout au milieu de la triste chambrette, les deux partenaires s'embrassent tendrement. C'est la dernière fois qu'ils se donnent rendez-vous dans ce lieu si lugubre, quoi qu'en pense Fredie. Un nouveau jour va bientôt se lever et ce sera l'aube d'un avenir prometteur. Édouard Marentette en est certain. Vivianne Perras le croit fermement.

Fredie apprend la nouvelle et n'imagine pas un instant remettre en question une idée aussi merveilleuse. Il sait très bien que les clients seront ravis d'être accueillis par une brunette à la mine radieuse et qu'ils reviendront souvent pour être servis par une hôtesse au profil si agréable. Réuni dans l'hôtel presque achevé, le trio se prête à une petite cérémonie de baptême. Il faut trouver un nom pour l'établissement et c'est la suggestion de l'associé Marentette qui est retenue. Comme il existe déjà un Hôtel Omar et qu'Eddie fume des Player's Navy Cut, on opte pour le vocable HOTEL NAVY CUT, un nom tout désigné pour un commerce sur le bord de l'eau. La marraine et les deux parrains lèvent aussitôt leur verre. Puis Fredie propose que chacun se choisisse un sobriquet, arguant qu'un deuxième nom est parfois utile lorsqu'il faut taire son identité.

— J'ai le même âge que le prince de Galles, je porte son prénom et le prince Edward est récemment venu à Windsor; ce sera donc… Le Prince.

— Moi je raffole de la chasse au rat musqué, alors allons-y pour… Le Rat.

— Moi…

86

— Comme je suis ton prince, tu ne peux être autre que La Reine, la reine Vicky.

Le couple royal passe sa première nuit au cottage Marentette-Perras. En dépit de la chaude saison, Le Prince a allumé un petit feu dans l'âtre pour créer une atmosphère encore plus romantique. Des fleurs trônent au milieu de la table et des bougies scintillent dans la chambre à coucher. La Reine sourit lorsqu'elle aperçoit les taies d'oreiller en satin.

Nuit de noce pour les deux amoureux. Chaque geste en invite un autre; chaque baiser en suscite un encore plus passionné. Le cœur ne trouve qu'un seul langage pour exprimer ses sentiments, celui du corps. Deux formes entrelacées, harmonisées, s'offrent en doux partage. Deux corps s'unissent dans une déclaration d'amour accentuée d'une sensualité à fleur de peau. Ivres de l'élixir que leur a préparé Éros, le prince et sa reine tissent la toile de fond de leur destinée.

Une nuit qui restera mémorable.

DOUZE

En dépit d'élections, de lois et de plébiscites en faveur de la prohibition, les établissements vendant de l'alcool dans la région de Windsor poussaient comme des champignons. Au grand dam du procureur général William Raney, il va sans dire. Outre le Cooper Court fondé par James Scott Cooper, le Château La Salle ouvert par Vital Benoît et le Chappell House de feu Babe Trumble, les Canadiens et Américains pouvaient étancher leur soif en fréquentant une dizaine d'autres hôtels ou buvettes publiques, et ce, sans trop d'inconvénients. Aux endroits connus publiquement s'ajoutaient des douzaines de maisons privées, aussi achalandées que bien garnies, dirigées par des *blindpigs*. Il fallait évidemment connaître quelqu'un qui était l'ami de quelqu'un de ce milieu pour entrer dans de telles maisons.

Parmi les entreprises les plus populaires, il y avait le Westwood et le Sunnyside à l'extrémité ouest, près du Château La Salle. Mais les établissements pullulaient davantage à l'est, se suivant comme des grains de chapelet : Taverne Rendezvous, Auberge Edgewater Thomas, Hôtel Bedell, Bar Bellevue, Taverne Tecumseh et Abars Island View. Ce dernier endroit tenait son nom d'un certain Henri Hébert, pêcheur devenu hôtelier. La prononciation anglaise (Abar) l'emporta sur la forme française (Hébert). Tous ces commerces étaient situés à l'extérieur de la ville, le plus souvent le long de la route longeant la rivière. À Windsor même, les buvettes publiques ne manquaient pas, loin de là; on y retrouvait, notamment, le Windsor Hotel, le Ritz et le British American. Mais il s'agissait d'établissements de seconde classe, peu comparables aux autres, voire à l'Hôtel Navy Cut dirigé par Fredie et Eddie, avec l'aimable collaboration de Vicky.

Le roi de l'hôtellerie demeurait ce cher James Scott Cooper, non pas tellement en raison de son chiffre d'affaires, mais surtout à cause de son style grandiloquent. Et à tout seigneur, tout honneur. L'homme au goût raffiné fit bâtir un second Cooper Court, à Walkerville cette fois, au coût de 200 000 $. Le magnifique édifice de quarante pièces occupait un pâté de maisons au complet. Émile en faisait souvent le tour, rêvant d'y habiter en compagnie de vedettes du cinéma. C'était un château comme on n'en avait jamais vu : piscine intérieure entourée de plantes et surplombée d'un dôme vitré, salle de bal et salle de billard au second étage, orgue colossal acheté pour 50 000 $ et diffusant une musique dans chacune des quarante pièces, garde-robes en cèdre remplies de manteaux de fourrure, salle d'exercice munie de tables de massage, et quoi d'autre encore !

Cooper était un homme astucieux. Dès les premiers jours de la prohibition, il découvrit une faille dans la loi interdisant le transport de l'alcool et en profita sur-le-champ. Comme rien n'empêchait les distilleries ontariennes de répondre à des commandes originant de l'extérieur de la province, il ouvrit donc un bureau à Détroit pour recevoir les appels venant de clients à Windsor. L'argent était envoyé à Détroit, mais la boisson ne traversait pas la frontière. Cooper se rendait tout simplement chez Hiram Walker, commandes et chèques en main, touchait sa commission et laissait la compagnie distribuer les bouteilles de façon très légale. Dans toutes ses activités, licites ou illicites, le grand et charmant Jim cherchait toujours à projeter l'image d'un affable financier. Certes, il trempait dans des affaires on ne peut plus louches, mais son style lui donnait une allure moins corrumpue que celle d'un Fredie Dufour, dit Le Rat.

On pouvait difficilement trouver homme plus généreux, plus altruiste que James Scott Cooper. Au dire de son secrétaire, M. V. Pougnet, il préférait faire des dons anonymes et taire sa générosité. Mais ses largesses demeuraient chose connue; elles étaient mêmes légendaires. On savait, par exemple, que Cooper avait fait bâtir la première école secondaire de Belle Rivière entièrement à ses frais. Les résidents du village lui devaient aussi reconnaissance pour l'aménagement du parc où se tenaient les joutes de balle. Les enfants de Belle Rivière l'ignoraient peut-être, mais cet homme au grand cœur allait même jusqu'à payer leurs coupes de cheveux et l'entretien de leurs dents !

La prodigalité de Jim Cooper dépassait les limites de Belle Rivière ou de Walkerville pour s'étendre à sa ville natale, London. Fils d'un cheminot, il n'oubliait pas ses humbles origines et s'intéressait aux enfants des quartiers pauvres en versant régulièrement les sommes nécessaires pour maintenir non pas un, mais deux orphelinats dans cette ville sise sur le bord de la Tamise ontarienne. Il est vrai que cet escroc s'occupait du transport illégal des boissons alcooliques et qu'il s'enrichissait à vue d'œil en défiant la justice, mais ce même hors-la-loi veillait aussi à transporter les enfants de sa ville natale à Port Stanley pour un pique-nique annuel payé de sa poche. Le second geste gratuit faisait oublier le premier geste intéressé.

James Scott Cooper n'oubliait pas facilement le bien ou le mal qu'on lui faisait. Eddie Marentette avait d'ailleurs été témoin de la mémoire d'élephant du millionnaire, un jour, devant l'Hôtel Prince Edward, du nom de son «homonyme». Un passant d'un certain âge distribuait des prospectus et Cooper reconnut en lui le jeune homme qui lui avait jadis donné une pièce d'argent d'une valeur d'un dollar, bien avant les jours bénéfiques de la contrebande. Le vieillard fut aussitôt conduit à l'intérieur de l'hôtel, logé dans une somptueuse chambre, vêtu en neuf et nourri copieusement.

À une autre occasion, le souvenir de Cooper fut moins heureux. Un vagabond frappa un soir à sa porte et le maître ouvrit pour apercevoir un visage familier. C'était cette même personne qui avait été responsable, plusieurs années auparavant, de son expulsion d'un wagon pour passagers de la compagnie de chemin de fer Grand Tronc. Cela remontait à sa jeunesse. Le malfaiteur avait alors raconté au conducteur que Cooper était grimpé à bord du train pour y voler une place. Or, le petit Jimmie avait bel et bien payé son billet. Inutile de dire que le mendiant fut honteusement chassé et vilipendé par un Cooper à la mémoire prodigieuse. À London, à Belle Rivière, à Walkerville, partout il se trouvait quelqu'un qui avait connu le généreux Jim et qui pouvait témoigner de sa grande amabilité. Dans les milieux gouvernementaux, les témoignages donnaient sans doute un autre son de cloche.

Autour du bar de l'Hôtel Navy Cut, en tout cas, on se plaisait à raconter mille et une anecdotes concernant la vie de l'illustre contrebandier. Dans ces occasions, Émile menait le bal, questionné ou encouragé par son ami Barry qui l'accompagnait de plus en plus. Fredie taquinait ce rouquin bavard comme une pie en le surnommant... Madame.

Malgré des succès financiers qui faisaient l'envie de tous les contrebandiers et en dépit d'un train de vie princier, tout n'était pas rose dans la vie de James Scott Cooper. Son influence et ses investissements dans les distilleries et compa-

gnies d'exportation firent de lui la cible idéale du gouvernement fédéral. Appelé à témoigner lors des audiences du
comité parlementaire sur les douanes, Cooper expliqua en
long et en large ses méthodes de fonctionnement, précisant
que tout se déroulait dans la plus parfaite légalité. Il fut quitte
pour un sursis. Puis une commission royale d'enquête revint à
la charge. Questionné de nouveau sur ses activités d'exporta-
teur, Cooper se fâcha et révéla une troublante histoire. Alfred
Frederick Healey, député fédéral d'Essex-Nord de 1923 à
1925, exigeait de lui deux dollars pour chaque caisse de boisson exportée et vingt-cinq sous pour chaque barillet de bière.

Le député nia de telles accusations, même si Cooper admit
avoir payé 272 $ lors d'une première rencontre avec un repré-
sentant du parlementaire. D'autres révélations surgirent au
cours de l'enquête dont Eddie Marentette, alias Le Prince,
lisait les résultats dans le *Border Cities Star*. Cooper informa
les commissaires qu'il avait dû débourser jusqu'à 1 000 $ par
wagon de whiskey destiné à l'exportation pour contribuer à un
fonds secret du député d'Essex-Nord . Ce dernier raconta, à
son tour, que Cooper se vantait de gagner six millions par
année et que, de son aveu, il était disposé à partager ses profits
si, en retour, Healey usait de son influence pour faire adoucir
les lois sur la prohibition. Les accusations furent démenties
catégoriquement par chacun des inculpés, puis les avocats de
la commission se tournèrent vers d'autres fraudeurs, moins
malins cette fois.

Riche, prospère, puissant, tel apparaissait Jim Cooper. Il
ne manquait qu'une chose au magnat de la contrebande : la
santé. Affligé de haute pression, il dut abandonner son
domaine et se retirer en Suisse. Au dire de Fredie Dufour,
alias Le Rat, son ami se réfugiait moins dans les Alpes pour
des raisons de santé que pour des raisons d'évasion fiscale. Il
s'en trouvait même pour affirmer que cet escroc de renommée
internationale pourrait difficilement remettre les pieds dans

ses luxueux hôtels, tellement il était surveillé par des bandes américaines cherchant vengeance. Quoi qu'il en soit, c'est dans leur Hôtel Navy Cut, plus modeste que le Cooper Court de Walkerville, que Fredie, Eddie et Vicky apprendront la mort de leur émule, tombé dans les eaux de l'Atlantique à bord du navire S.S. Deutschland.

TREIZE

Les bateaux se cordent le long du quai. Les voitures s'alignent dans l'aire de stationnement. Les caisses s'entassent dans les caves secrètes. Les clients s'amènent de plus en plus nombreux. L'Hôtel Navy Cut se fait vite une réputation enviable.

Le Prince attire ses anciennes connaissances, dont certains joueurs des Detroit Tigers, voire des New York Yanks. Le Rat invite ses complices, acolytes et collaborateurs de part et d'autre de la rivière. La Reine retrouve des visages familiers, mais dans un décor plus enchanteur cette fois et, surtout, dans un tout autre type de relation. Au début, des habitués de la rue Pitt lui ont fait la passe, mais Eddie est vite intervenu pour clairement énoncer les nouvelles règles du jeu. Aujourd'hui, l'hôtesse accueille une clientèle distinguée, élégamment vêtue, désireuse de bien manger, de bien boire, de bien danser, de bien jouer, de bien s'amuser. Enrobée de fourrures qui accentuent la pureté et la douceur de sa chair de lilas, Vicky conduit les clients au bar, à la salle de jeu, à la salle à dîner ou à la piste de danse. Entre deux conversations rentables, Eddie la contemple et se félicite de l'avoir choisie pour travailler à ses côtés.

Émile et Barry fréquentent régulièrement l'hôtel, l'Américain s'intéressant de près à la contrebande et aux profits qu'elle peut engendrer. Ils aiment venir écouter les airs de jazz qu'un orchestre mi-canadien, mi-américain diffuse chaque vendredi et samedi soirs. Vicky se plaît en compagnie de ces deux amis qui ont toujours une blague à raconter et trouve que le charmant Noir danse tellement bien. Tout en évoluant sur la piste de danse, La Reine répond aux questions de son partenaire et lui fait même des petites confidences.

Lorsque Fredie se présente au Navy Cut, il se tient le plus souvent dans la salle du fond, qui lui sert de bureau et de poste d'observation. L'oeil bien exercé, il sait vite reconnaître un espion ou un intrus. Parfois Le Rat se retire dans une pièce privée, dite de réserve, pour traiter de questions plus clandestines encore que les affaires courantes. C'est là qu'il reçoit Al Capone, le ganster de Chicago.

— Comme ça, tu cherches un contact au Canada.
— Le Canada? Je ne sais même pas sur quelle rue il est situé!
— Pour l'instant, en tout cas, on est sur le boulevard de la contrebande.
— Écoute, Le Rat, y a pas juste la boisson qui rapporte.
— Qu'est-ce que t'as en tête?
— Une petite affaire. Un petit paquet de vingt-cinq livres.
— La drogue ne m'intéresse pas.
— Penses-y deux fois avant de dire non. C'est payant.
— Combien?
— J'irais jusqu'à 100 000 $. Ça te semble raisonnable?
— Avec la contrebande d'alcool, mon ami, je n'ai jamais eu à tuer quelqu'un. Ce que tu me proposes là conduit à faire sauter des têtes. Sûr et certain que cent mille piastres, c'est de la bonne argent. Mais qu'est-ce que ça me donne si je suis ensuite jeté en prison pour vingt ans? Je ne pourrai pas le dépenser ce fric-là.

Entouré de ces gardes du corps, Al Capone se dirige vers le bar, salue Eddie, qui lui sert un whiskey, et scrute furtivement une foule animée. Son regard se dirige vers Vicky, puis toise Le Prince en guise d'approbation. La réponse est claire. Il quitte le Navy Cut.

Quelques jours après ce « sommet canado-américain », qui a fait beaucoup jaser les habitués de la salle du fond, Fredie est en mesure de constater l'efficacité de son plan de sécurité. L'hôtel est relié à trois autres établissements par un système de sonnerie et l'alarme est donnée dès que l'un d'eux aperçoit la police ou, pire encore, fait l'objet d'une descente. Le coup strident vient de retentir et le personnel du Navy Cut passe aussitôt à l'attaque. Chacun remplit la tâche qu'Eddie lui a assignée, qui à faire disparaître les tablettes de boissons et les robinets de bière, qui à dissimuler les cartes, dés et autres objets de jeu. Même les musiciens participent à l'exercice de duperie en versant les verres d'alcool sur le tapis si absorbant et en servant aux clients quelque soda pétillant mais peu puissant. Des plateaux fumant de perchaude ou de doré recouvrent les tables avant même que les policiers ne mettent les pieds dans l'hôtel devenu rapidement un simple restaurant.

— Opération réussie, Fredie.
— L'affaire est dans le sac, Eddie.
— On l'a quand même échappé belle...
— Comment ça, Vicky?
— Un policier a remarqué un peu de liquide sur la piste de danse et s'est approché pour sentir une odeur d'alcool.
— C'est vrai?
— Oui, mais je lui ai dit que nous avions récemment verni le plancher et que le produit appliqué renfermait de l'alcool.
— Il t'a cru?
— Mon sourire l'a peut-être convaincu...
— Sacrée Vicky. T'es vraiment notre Reine!

Le Rat, Le Prince et La Reine conjuguent leurs efforts pour diriger une entreprise rentable, qui génère tous les profits escomptés. Mais le succès a ses contrepoids. À trop réussir, du moins dans ce métier, on attire une attention indue. Le *Border Cities Star* peut bien parler de Spracklin et du Chappell House, ou encore du luxueux Cooper Court, mais il ne doit pas monter en épingle les activités illégales du Navy Cut. Or, celui-ci demeure de plus en plus sous surveillance, notamment parce que des agents soupçonnent qu'Alfred Dufour dirige ses affaires depuis cet hôtel. On le tient à l'œil. Dans l'attente de pouvoir véritablement le pincer, les patrouilleurs se tournent vers le complice du Rat, dont les allées et venues ne recèlent à peu près plus de secret.

Ce collaborateur se promène en ce moment sur le lac Sainte-Claire avec une importante cargaison. Tout repose au fond du bateau qui met le cap vers la rivière Détroit. Point de remorque cette fois. Point de barque munie de bouchon. C'est l'opération d'un seul homme, d'une seule embarcation. Et elle devient vite chassée par la police qui a eu vent de l'affaire. S'engage aussitôt une course impitoyable. L'homme rebrousse chemin. Première erreur. Le bateau-patrouille poursuit de plus belle. Le contrebandier panique. Deuxième erreur. Le policier garde son sang froid. Comme une bête traquée, la cargaison zigzague, cherche une issue et, finalement, s'engage dans la rivière Ruscom, à la hauteur de Saint-Joachim. Troisième erreur. Plus ce cours d'eau serpente, moins il est profond. Plus le contrebandier avance dans les terres, plus l'étau se resserre.

Trois cents caisses sont saisies. Pas question pour le complice de dénoncer le patron. La loi, c'est la loi, même pour un hors-la-loi. Mais l'incident porte un dur coup à l'honneur de Fredie, sans compter que son portefeuille s'en ressent cruellement. Le Rat voudrait rentrer sous terre !

Quant au Prince, il goûte aussi à sa part de mésaventure. Le système d'alarme fonctionne bien, mais il se trouve parfois des policiers un peu trop zélés qui ne se plient pas très volontiers aux «règles du jeu» ou qui profitent de la situation. Pour se débarrasser d'un flic peu accommodant, et à la suggestion de Vicky, Eddie met à l'essai une stratégie qui réussit, voire qui rapporte dans les deux sens. Un employé posté à une fenêtre d'observation donne le signal dès qu'il aperçoit le policier. Le Prince dispose alors une série de billets sur le plancher, depuis la porte d'entrée jusqu'à la porte de sortie. Le flic entre, ramasse les coupures de dix dollars, de la première à la dernière, et disparaît sans importuner les clients, le personnel ou la direction. Cette technique de dissuasion ne diminue pas vraiment les profits du Navy Cut; il s'agit d'un pourboire qui rapporte en retour un peu de paix à l'établissement.

Comme si Dufour, Marentette et compagnie ne se heurtent pas à suffisamment de problèmes, voici que le gouvernement des Fermiers unis, qui a fait adopter la loi sur la prohibition en 1919, déclenche une élection qui porte encore une fois sur l'éternelle question de la vente des boissons alcooliques. Les Ontariens vont aux urnes le 25 juin 1923 et les partisans de la prohibition affrontent encore une fois les adeptes de la modération. Les débats sont animés et les engueulades sont fréquentes. Le plus souvent on cite le cas de la région de Windsor-Détroit comme exemple du problème à enrayer. Émile, pourtant de caractère si doux, s'emporte lorsque la presse parle d'une peste qui a envahi le Sud-Ouest de la province. Il songe même à envoyer une lettre ouverte au journal, mais ce n'est pas là son style. Le rouquin préfère encaisser et ne rien dire.

Le député sortant, Georges Tisdelle, se représente dans le comté d'Essex-Nord; ce candidat du parti des Fermiers unis affronte un seul opposant dans la personne du libéral Édouard Tellier, qui l'emporte par une majorité de 1 674 voix. Les habitués de l'Hôtel Navy Cut ne peuvent guère crier victoire. Même si les Fermiers unis d'Ernest Drury sont délogés et remplacés par les conservateurs de Howard Ferguson, le nouveau gouvernement adopte la même attitude vis-à-vis de la prohibition. Le procureur général William Nickle demeure aussi fervent que son prédécesseur William Raney.

Plus ça change, plus c'est pareil, se dit La Reine. Jusqu'à sa rencontre avec Le Prince, elle ne s'était jamais intéressée à la politique. Et malgré tout ce qu'Eddie lui raconte sur ceux qui légifèrent en Ontario, elle se demande encore pourquoi cette province fait une montagne d'un baril de rhum.

— On n'a pas toutes ces complications au Québec.
— Mais si tu étais là-bas, tu ne m'aurais pas non plus.
— Je préfère être ici, au milieu des intrigues politiques et auprès de mon cher escroc.

QUATORZE

Au volant de sa Studebaker, Émile Lespérance effectue maintenant ses livraisons deux ou trois fois par semaine. Eddie lui a montré quelques trucs, comme le pneu de rechange, mais le rouquin s'en tient tout au plus aux bouteilles enfouies sous la banquette arrière. Et à ses fameux œufs, bien entendu. Les blancs pour le whiskey, les bruns pour le rhum. Les douaniers ne sont pas sans remarquer ces fréquentes livraisons de paniers bien remplis, rangés sur la banquette arrière précisément, mais il ne leur vient pas à l'idée de fouiller sous la couverture qu'Émile a pris soin de placer élégamment sur le coussin. Les agents lui sourient et le laissent tout bonnement passer.

Un jour, à la sortie du traversier, Émile gare sa voiture dans la rue Joe Campeau et sort deux paniers, en route chez un client qui demeure tout près. En traversant la rue Livernois, il est heurté par un taxi, son panier volant dans les airs et les œufs s'effondrant sur le pavé. Des passants accourent et examinent les dégâts, surpris de ne pas trouver des jaunes d'œufs crevés. Émile déguerpit, laissant derrière lui une odeur de whiskey Canadian Club.

Le lendemain, Eddie s'éclate de rire en lisant le *Border Cities Star*. L'incident est relaté, sans mentionner le nom du livreur frappé, mais Le Prince sait fort bien de qui il s'agit. Le journaliste a fait preuve d'humour et a décrit la scène sous forme d'annonce publicitaire. Eddie la traduit pour le bénéfice de La Reine.

— Écoute ça, Vicky : «Des œufs canadiens frais à deux dollars la douzaine. Pondus par des poules Canadian Club, des poulettes Scotch Plymouth et des poulardes Brandy, ou encore couvés par des dindes Martini, des canards Bacardi et des oies Gin. »

Fredie, qui entend cette description, rit tellement qu'il en a les larmes aux yeux. Et, pour comble, Émile entre au moment où tout le monde se tord de rire. Le Rat l'accueille en le taquinant.

— Madame fait des omelettes, maintenant ?
— Qui sait, ça donnera peut-être l'idée à un barman d'inventer une nouvelle potion. On pourrait appeler ça des œufs frappés ou des *eggnogs*.
— Tu ne manques pas d'imagination, Émile.
— En tout cas, j'étais bien content de ne pas avoir avec moi mon panier spécial.
— Comment ça, ton panier spécial ?
— Oh, c'est un panier plus gros que les autres et qui renferme, au fond, des exemplaires d'*Ulysses*, de James Joyce. Comme ce roman est interdit aux États-Unis, tout le monde cherche à savoir ce que l'auteur irlandais a pu écrire de si *shocking*.
— Alors tu fais de la contrebande littéraire !
— Pourquoi pas ? Ça rapporte et j'encourage ainsi les arts.
— Comment t'est venue une telle idée ?
— C'est Barry qui m'a d'abord demandé une copie, puis une deuxième pour un ami. Ensuite un petit groupe nommé

Literary Circle a placé une commande. Maintenant je fournis des libraires sous le comptoir.

Émile s'enflamme et commence à parler de James Joyce ainsi que de ses contemporains. Vicky est surprise de constater tant d'érudition chez un contrebandier, mais il est vrai que « Madame » Lespérance se classe dans une catégorie toute spéciale de la contrebande. Voyant que la discussion au Navy Cut dévie sur la littérature et que tout cela lui passe par-dessus la tête, Fredie prend congé de ses amis. Il doit ramasser 750 caisses d'alcool et 30 barillets de bière à la gare du Canadien Pacifique, à Sandwich. Encore une fois, un policier a eu vent de la transaction et Le Rat est pour ainsi dire devancé par... Le Flic. Lorsque Fredie arrive, en tête d'un cortège formé de cinq voitures et sept camions, il est intercepté sur-le-champ par l'agent si perspicace. Sa première réaction est de lui offrir 1 000 $ pour obtenir la paix. Ordinairement ce genre de billet fait vite débarrasser la place. Mais le policier refuse, à la grande surprise de Fredie. Mieux vaut mettre le paquet, se dit Le Rat, car la marchandise est trop considérable pour être abandonnée au fisc.

— Voici deux mille piastres, pis décampe au plus sacrant !
— Pas question de me faire acheter, Alfred Dufour. Je connais tes combines.

Comme l'agent ne bouge pas, Fredie songe à d'autres solutions. Pas question de faire définitivement disparaître cette nouille presque sans défense. Ce serait exagérer et ça irait à l'encontre des principes du Rat. Il décide donc d'adopter son plan de rechange, qui s'applique à un intrus venu seul semer la pagaille. Le signal est donné et les acolytes du Rat sautent sur le policier, le tabassent joliment et le menottent au wagon même qui renferme le stock tant attendu. Ainsi Le Flic voit toute la marchandise défiler sous son nez, sans pouvoir manifester le moindre geste d'opposition.

Dans les jours qui suivent, une enquête est instituée et une escouade procède à une fouille minutieuse. Elle se rend au Navy Cut, mais point de trace d'Alfred Dufour. L'inspection des lieux ne révèle rien de louche, du moins rien d'illégal. Le Rat n'est pas non plus à sa maison. On a beau fureter au grenier, dans le poulailler, sous la paille de la grange, rien ne laisse entrevoir la cachette d'un stock qui occuperait pourtant l'espace de tout un entrepôt. La citerne n'est évidemment pas explorée puisque son existence demeure inconnue. Et le bateau rempli à pleine capacité, au bord du quai non loin de la Pointe-aux-Roches, n'attire pas davantage l'attention des policiers puisque le bouchon a été enlevé...

Les recherches sont abandonnées et Le Rat se dit que l'affaire est désormais classée. Mais l'est-elle vraiment ? Il est toujours préférable de se montrer prudent dans de telles situations. Aussi Fredie agit-il avec la plus grande discrétion, évitant même de passer au Navy Cut pendant une semaine entière.

Pendant ce temps, Eddie et Vicky demeurent le point de mire d'une clientèle de plus en plus chic. Le Prince et La Reine se sont vite taillés une réputation d'hôte et d'hôtesse par excellence. On recherche leur compagnie, on s'amuse bien à leur hôtel et on s'habitue aux quelques visites de routine qui interrompent momentanément les soirées estivales au bord du lac Sainte-Claire. Parmi les habitués du Navy Cut figurent plusieurs joueurs des Tigers de Détroit qui racontent leurs exploits au baseball, mais Fredie préfère les voir en action.

Vers la fin de l'été, pendant que la saison de baseball bat encore son plein, Dufour se réfugie de l'autre côté de la rivière et en profite pour assister à un match opposant les Tigers aux Yanks de New York. L'accompagne un personnage costaud à l'allure revêche, qui cherche à cacher son identité derrière un large chapeau et des verres fumés. Ce gaillard semble moins préoccupé par les prouesses du lanceur new yorkais Pennock que par la perspective de conclure une affaire, une très grosse affaire. À l'instar de la foule enthousiaste, Le Rat crie à gorge déployée pour encourager la vedette des Tigers, Bobby Veach, présentement au bâton. Mais son compagnon l'interrompt à tout bout de champ.

— Qu'est-ce que tu en penses?
— Veach a de bonnes chances, surtout avec Pennock comme lanceur.

L'homme aux lunettes sombres n'insiste pas et continue de mâchouiller son cigare. Veach frappe un coup sûr et son coéquipier Manush, au deuxième but, file droit vers un pointage. Heilman est maintenant au bâton et Jones remplace Pennock au monticule.

— L'affaire est dans le sac, tu sais...
— Je n'en doute pas. Heilman est un vrai pro.

Ce n'est vraiment pas le temps de discuter avec Fredie. Son attention est retenue par des joueurs membres d'une autre ligue qui, il est vrai, rapporte aussi de gros sous. Heilman frappe, fait rentrer Veach et se hasarde jusqu'au troisième but, mais l'arbitre le déclare retiré. Les Yanks passent maintenant au bâton et affrontent le lanceur Whitehill. On l'a rarement vu en aussi bonne forme.

— Tout est prêt, Fredie; tout est réglé.
— On ne sait jamais avec Meusel au bâton.

C'est un coup de circuit, la balle se dirigeant tout droit vers les gradins. Fredie lance un juron. Whitehill lance une autre balle et le redoutable Hendricks vise directement entre Veach et Heilman. Un point de plus pour les Yanks. Le Rat maugrée.

— Maudit que c'est compliqué!
— Je viens de te dire que tout est organisé.

Mais tout s'arrange, et pour les Tigers, et pour les contre-bandiers. Les premiers gagnent 5 à 4 et les seconds concluent une entente, la plus importante pour Le Rat. Les uns et les autres se rendent à l'Hôtel Navy Cut pour célébrer leurs prouesses. Ils sont accueillis par La Reine, qui ne semble pas de bonne humeur. Fredie trouve même qu'elle est un peu trop impulsive. Caprice de femme, se dit-il. Mais Eddie sait que Vicky boude à sa façon.

Le soir, en se couchant, le couple s'explique.

— Je pensais que les règles du jeu étaient claires en ce qui concerne ton rôle d'hôtesse.

— Tu imagines des choses ou tu les interprètes fausse-ment. Ce client m'a peut-être fait la passe et j'ai sans doute déployé mes charmes habituels, mais sans arrière-pensée. Ça, Eddie, je peux le jurer.

— Si tu le dis...

— Je te dis surtout que tu es le seul homme dans ma vie.

— ...

— Mon cœur ne bat que pour un prince charmant.

— Je... Je te demande pardon, Vicky.

— Oublie ça et viens faire la paix...

QUINZE

La saison du baseball est terminée et les Tigers se sont classés troisièmes. Maintenant une nouvelle saison s'ouvre pour une ligue différente, celle des contrebandiers du ciel.

Depuis sa rencontre avec l'homme aux sombres lunettes, Alfred Dufour ne se promène plus en bâteau sur le lac Sainte-Claire ou sur la rivière Détroit, du moins pas avec sa marchandise camouflée d'une manière ou d'une autre. Les contrats que lui procure son intermédiaire américain le lancent désormais dans les airs. En effet, les commandes s'accumulent à un tel rythme que Fredie doit effectuer ses livraisons par avion pour répondre à un flot de requêtes en provenance non seulement de Détroit, mais aussi de Toledo et de Cleveland.

Comme la rivière Détroit est devenue une véritable autoroute, les patrouilleurs réussissent à peine à exercer tous les contrôles riverains qui s'imposent. Les contrôles aériens leur échappent donc comme un poisson des mains d'un enfant. Il s'en trouve d'ailleurs plusieurs pour comparer la surveillance policière à de l'enfantillage. Le Rat, pour sa part, a depuis longtemps arrêté son idée sur le rôle des agents, provinciaux ou fédéraux. Et il ne se fait pas prier pour donner son opinion.

— Trois sur quatre de ces maudits gars-là se font jouer dans les pattes. Quand par chance ils tombent sur un des nôtres, le problème se règle vite d'une façon ou de l'autre. Avec un peu de persuasion, ou de force s'il s'agit d'une tête de cochon, on arrive toujours à passer. Un vrai jeu de chats et de souris. Alors imagine qu'est-ce qui se passe quand t'es un Rat...

Contrôles ou non, Fredie ne prend pas de chance. Ses pistes d'envol varient chaque jour. Il connaît nombre de fermiers et ceux-ci n'hésitent pas à mettre à sa disposition des champs éloignés de la route, cachés par des étendues de blé d'Inde. En retour ils demandent une caisse de bière pour chaque décollage. Parfois, quand le roulement nécessite un entreposage et une main-d'œuvre accrue, les cultivateurs prêtent leurs granges et leurs bras forts. On pourrait même dire qu'ils louent leurs bâtisses et leur force puisqu'ils exigent jusqu'à cinq dollars par caisse manutentionnée. Tout compte fait, ces champs non cultivés rapportent plus que ceux qui sont péniblement labourés, semés et moissonnés.

Les départs se font souvent la nuit, les pistes improvisées étant éclairées par les phares de quelques voitures. Fredie surveille le chargement et effectue ses calculs mentalement. Tout s'additionne dans sa tête. Mieux encore, tout se multiplie. Au début le contrebandier ailé montait lui-même à bord, mais depuis que son circuit est bien rodé, il s'occupe de ses affaires les deux pieds sur terre. À l'occasion, Le Rat s'offre un petit voyage à Toledo ou à Cleveland et en profite pour visiter la «rue Pitt» de ces villes. Le choix s'avère plus varié qu'à Windsor, mais ses partenaires n'exhibent pas toutes la chaleur si caractéristique des Canadiennes françaises.

Dufour n'y songe pas, mais il pourrait presque s'embarquer dans une autre forme de contrebande...

Celle qu'il pratique depuis quelques mois, via les routes célestes, lui rapporte en tout cas des dividendes jusque-là inespérés. C'est tout près de 25 000 $ par semaine que Fredie touche, sans compter que la police n'est pas constamment à ses trousses. De la belle argent, se dit le fier contrebandier en racontant ses nouvelles prouesses à Eddie. Mais celui-ci se pose de plus en plus de questions au sujet des affaires de son partenaire.

— J'ai l'impression que tout ce fric passe par plusieurs mains, y compris quelques-unes que je ne voudrais pas serrer.

— Qu'est-ce que tu chantes là ? Serais-tu devenu un peu moins aventurier depuis que tu mènes une vie de couple ?

— Blague tant que tu voudras, Fredie, mais les faits sont là. Chaque fois que tu as envoyé une cargaison à Toledo ou à Cleveland, on a rapporté dans la presse du lendemain des règlements de compte entre bandes rivales.

— Tout ça n'est que coïncidence, Eddie. De toute façon, je ne transige qu'avec mon *middle man*, pas avec ces bandes dont tu parles.

— Sans doute, mais les choses risquent de se corser et tu pourrais justement te trouver au milieu d'une sale affaire. J'espère au moins que tu ne fournis pas les Black Diamonds qui font la pluie et le beau temps à Détroit depuis une bonne secousse.

— Fais-moi confiance.

Le Prince voudrait mettre son associé davantage en garde contre les agissements des Black Diamonds, mais leur conversation est interrompue par l'arrivée soudaine de Barry, seul, sans son ami Émile. Le Noir demande à voir Le Rat pour une affaire confidentielle.

* * *

Afin de bien souligner l'anniversaire de son hôtel et, surtout, de sa nouvelle vie de couple, Eddie décide d'organiser une petite fête au Navy Cut et de s'offrir un petit voyage en amenant Vicky visiter Ottawa. Ce qui doit être une soirée intime prend rapidement les proportions d'un gala. Fredie invite tous ses anciens collaborateurs et ses nouveaux agents ou représentants de Toledo et de Cleveland. Ces derniers viennent accompagnés de femmes couvertes de bijoux et fardées comme des actrices de cinéma. Le Rat, qui se promène au bras de sa grande Montréalaise, convainc même la patronne de fournir quelques escortes bien tournées aux contrebandiers célibataires. Je réglerai la note, murmure-t-il à l'oreille de la blonde. Eddie et Émile convient leurs clients huppés de Détroit, qui arrivent soit en Cadillac, soit à bord de leur yatch. Vicky et Barry sont évidemment de la fête, celui-ci ayant pris la liberté d'inviter quelques *middle men* américains qui ne se mêlent pas trop au groupe et qui arborent la soirée durant de sombres lunettes. Le Prince remarque que ces hommes costauds aux manières brusques s'entretiennent souvent avec Fredie et que Barry est toujours présent à leurs discussions. Abandonné par son ami, Émile tue le temps en écoutant des airs de jazz et, à l'occasion, en dansant avec Vicky.

Au cours de cette soirée les robinets de bière sont maintenus ouverts presque sans arrêt, le vin coule à flot durant le repas et le brandy est ingurgité à qui mieux mieux. Pour une fête comme celle-là, pas question de servir du poulet, de la perchaude ou du doré. Un anniversaire se célèbre avec plus de raffinement. Aussi des montagnes de cuisses de grenouille déversent-elles sur la table des convives, au milieu de rots gargantuesques. On rie, on s'amuse, on fête comme il se doit. En bon prince, Eddie se promène parmi tout le monde, souriant amicalement aux uns, saluant cordialement les autres. Mais chaque fois qu'il s'approche de Fredie et de Barry, leur conversation est brusquement interrompue. Les deux hommes prennent une gorgée de whiskey et lancent quelques banalités.

— Je te souhaite un beau p'tit voyage dans l'Est.

110

— Amusez-vous bien à Ottawa.

Ce petit voyage dans l'Est, Eddie et Vicky l'entreprennent chacun avec une attitude différente. Le premier, soucieux, est persuadé que Le Rat lui cache quelque chose, probablement quelque transaction un peu louche. La seconde, désinvolte, est déterminée à faire de cette escapade une lune de miel. En arrivant dans la capitale le couple n'hésite pas à choisir un hôtel. Quand on s'appelle Le Prince et La Reine, on ne demeure pas au Russell, mais bien au Château Laurier. Ainsi Vicky peut croiser quelques députés dans le hall d'entrée et admirer la toilette des dames assises à ses côtés dans la salle à dîner. Elles portent des robes de taffetas, un peu plus courtes que la sienne, un peu plus échancrées aussi. Leurs chapeaux sont décorés d'un voile, le sien de fleurs.

En écoutant discrètement les menus propos que ces femmes élégantes chuchotent, Vicky se rend compte que leur conduite est dictée par monsieur le Curé et cela lui rappelle les premières années de sa jeunesse au Québec.

— Du haut de la chaire il a interdit le charleston.
— Au confessionnal, paraît qu'il gronde les jeunes filles qui dansent le shimmy.
— Il met en garde tout le monde contre la musique de jazz.
— Dieu n'a pas habillé Marie en pantalon, dit-il, encore moins en bloomers.

Eddie et Vicky ont d'ailleurs l'occasion de voir des jeunes femmes en bloomers ou culottes bouffantes, enfourchant leur bicyclette sur des sentiers le long du canal Rideau. Le couple se détend en se promenant sur la colline du Parlement, reconstruit quelques années plutôt suite à l'incendie de 1916. En contemplant la rivière des Outaouais, frontière transriveraine, Eddie ne peut s'empêcher de penser à la fortune que les contrebandiers pourraient amasser si Hull était un quelconque

Détroit. Du coup, son esprit s'envole vers le Navy Cut, où Fredie fricote sans doute de secrètes affaires. Il est temps de rentrer. Mais avant de partir, La Reine se fait plaisir en s'offrant quelques nouvelles parures, encouragée en cela par son prince.

Aussitôt arrivés à leur cottage-hôtel, Eddie et Vicky sont salués par Fredie et Barry qui quittent les lieux en pressant le pas.

— Tu t'es bien reposé, Eddie?
— Hi ! Vicky, ta nouvelle robe est très chic.
— Vous nous conterez votre voyage une autre fois; on a une affaire urgente à régler. Salut!
— Bye, bye !

Le couple retrouve le Navy Cut en bon état, financièrement et légalement. Aucune baisse dans le chiffre d'affaires. Aucune descente durant leur absence. Lorsqu'ils pénètrent dans leur chambre à coucher, celle-ci est décorée de fleurs fraîches. En face d'un vase, une petite carte de bienvenue. Émile ne change pas, toujours attentif et romantique. Il passe le lendemain pour prendre des nouvelles de ses amis. Mais c'est plutôt Eddie qui l'interroge sur les allées et venues de Fredie.

— Je n'en sais rien; c'est à peine s'il me dit bonjour.
— Oui, mais Barry l'accompagne presque tout le temps. T'es pas au courant de ce que ton ami est en train de brasser?
— En affaires, Barry mène sa vie, moi la mienne. On ne mélange pas argent et sentiments.
— Ah, bon! N'empêche que je n'aime pas voir Fredie agir de façon si secrète. Ça ne t'inquiète pas pour Barry?
— Je ne crois pas qu'il s'expose au danger; il se tient plus dans l'ombre de Fredie.
— Attention, si Le Rat se fait prendre, la souris risque d'y passer.

— La souris, comme tu dis, est devenue pas mal grosse.

Piège ou non, Alfred Dufour nage dans ses années fastes. Dans des eaux troubles, pense de plus en plus Édouard Marentette. Mais à quoi bon vouloir intervenir ? Un nouveau partenaire semble désormais mieux écouté que l'associé de la première heure. Soif d'argent, soif de pouvoir. L'amour en étanche parfois une partie.

SEIZE

L'année 1924 amène un nouveau drapeau pour le Canada. Le Red Ensign flotte désormais sur les édifices du gouvernement, au pays comme à l'étranger. Mais il flotte autre chose qu'un étendard britannique sur la rivière Détroit! La prohibition bat toujours son plein, encourageant par le fait même la contrebande. Le gouvernement ontarien sent toutefois que l'opinion change; aussi décide-t-il de tenir, encore une fois, un référendum sur l'épineuse question de la vente des alcools. Et Eddie persuade Émile de s'engager dans la lutte qui va se livrer entre prohibitionnistes et modérationnistes lors du plébiscite provincial, le 23 octobre 1924.

— Ce n'est pas pour rien qu'on a un gouvernement tory, Émile. Les Ontariens sont assez conservateurs dans leurs idées.

— Que veux-tu, la mentalité protestante se montre sévère sur des questions comme l'alcool, la mode et même les loisirs le dimanche.

— N'empêche que plusieurs autres provinces ont rejeté la prohibition au cours de la dernière année. C'est le cas du Manitoba, de la Saskatchewan et de l'Alberta.

— Sans compter que la Colombie anglaise s'y refuse depuis belle lurette et que le Québec n'a jamais emboîté le pas.

— Bien oui, la Belle province a été la première à instaurer des magasins d'alcool. Au diable la tempérance hypocrite !

— C'est là qu'on voit que les Canadiens français ont du sang latin.

— Dommage qu'on ne soit pas plus nombreux en Ontario. Les choses changeraient vite.

— En tout cas, Émile, l'occasion se présente de nouveau pour dire notre façon de penser. Je ne peux pas croire que ce plébiscite, le sixième en trente ans, ne nous donnera pas raison.

— Comme on dit, un jour ce sera notre tour. Mais tu sais que les prohibitionnistes sont pas mal organisés. Imagine-toi donc qu'ils ont ouvert un bureau dans la rue Pitt.

— À l'angle de l'avenue du plaisir et du boulevard de la contrebande, pour ainsi dire. Mais la Ligue de la modération s'organise aussi. Je connais son président et je lui ai promis mon appui.

— Je te vois mal dans les assemblées publiques en train de parler de modération. Tu ne serais pas très crédible.

— Évidemment. Je suis en faveur de plus qu'une timide modération. Rien de moins que la vente pure et simple de toute boisson alcoolique dans les hôtels. Ça se fait déjà — je suis bien placé pour le savoir — mais les conditions de travail sont loin d'être idéales.

— Est-ce qu'il y a eu une autre descente au Navy Cut ?

— Rien de spectaculaire. Des vérifications d'usage. Mais maintenant on est prévenu d'avance par le chauffeur de l'inspecteur Mousseau, qui mange dans notre main.

— Et Fredie n'a pas de problème avec ses nouveaux contrats ?

— Paraît que non. Les clients de Toledo et de Cleveland se multiplient comme des lapins et lui font tous confiance. À ce que je sache, du moins.

— Dommage que ces gens-là ne votent pas ici lors du référendum. Les petites vieilles de la Women's Legion for True Temperance n'auraient qu'à aller se rhabiller.

— Mais pour l'instant, elles se font joliment entendre. À nous de faire résonner un autre son de cloche.

Avec l'aide financière d'Eddie, consentie généreusement mais discrètement, la Ligue de la modération mène une vigoureuse campagne axée principalement sur les Villes-Frontières, mais débordant à l'occasion sur le comté voisin d'Essex. Au lieu de livrer des œufs et de les voir fracasser rue Livernois, à Détroit, Émile distribue maintenant des tracts dont les textes sont repris dans des annonces qui remplissent des pages entières du *Border Cities Star*. Le camp opposé achète lui aussi de la publicité dans ce quotidien pour inviter les lecteurs et les lectrices «à sauver l'Ontario d'un péché capital» en votant pour le maintien de la Loi sur la tempérance. Des magasins d'alcool, disent-ils, seront ni plus ni moins des dépôts où les *bootleggers* iront faire le plein. Chaque soir, en ouvrant leur journal, les abonnés ont donc droit à un véritable combat oratoire entre les deux factions. Divers comités sont créés, les uns pour faire appel à la largesse d'esprit des Ontariens et Ontariennes, les autres pour rappeler que la province a été bâtie sur une tradition de puritanisme. Et la tradition demeure sacrée, ajoutent-ils.

L'action s'intensifie le jour du scrutin. Émile est debout à l'aube, car les bureaux ouvrent à six heures pour permettre aux travailleurs de voter avant de se rendre à l'ouvrage, plusieurs du côté américain. Durant toute la campagne, les prohibitionnistes ont arboré des rubans blancs pour bien identifier leur position de pureté. Ces vierges offensées, comme le rouquin les appellent, patrouillent maintenant autour des bureaux

117

de vote, tout de blanc enrubannées. Mais Émile connaît les règlements dans leurs moindres détails. Le port de tout insigne pouvant identifier un camp ou un autre est strictement interdit le jour du plébiscite. Il enregistre aussitôt une plainte et les rubans blancs disparaissent.

Une demi-heure après la fermeture des bureaux de scrutin, à dix-huit heures, les résultats commencent à entrer. Des centaines de modérationnistes se rendent au *Border Cities Star* pour connaître l'issue du vote dans la région. Émile est de la partie et commente chaque annonce. On donne d'abord les chiffres pour Ford City : 108 en faveur de la tempérance, 1 794 en faveur de la vente contrôlée. « C'est un bon départ. » Viennent ensuite les données pour Walkerville : 790 pour le maintien de la loi, 2 480 contre la tempérance. « Ce n'est pas si mal. » On attend avec impatience les résultats de Sandwich, ville plus populeuse. Et ils sont accueillis par une salve d'applaudissements : 4 856 prohibitionnistes contre 17 957 modérationnistes. « On va les avoir ! » La salle est pleine et surchauffée. Tout le monde se bouscule et chacun y va de ses prédictions. « Dommage qu'il n'y a pas un bar ici ! » Puis arrivent les chiffres de Windsor : 3 732 en faveur de la tempérance, 13 477 en faveur de la vente contrôlée. Nouveau tollé de joie. « L'affaire est dans le sac. »

Les journalistes du *Star* transmettent ensuite les chiffres en provenance de la campagne. Émile retient surtout ceux du bureau de vote le plus près de l'Hôtel Navy Cut : cent pour cent des électeurs favorisent les magasins d'alcool. À Belle Rivière, au royaume de Jim Cooper, 306 personnes sur 312 accordent leur appui aux modérationnistes. Et dans le canton de Rochester, où coule une rivière Ruscom pas assez profonde pour satisfaire les besoins de Fredie et où s'étendent plusieurs champs non cultivés mais très productifs, seulement 97 des 733 électeurs favorisent encore la tempérance. Le Rat peut probablement tous les nommés tellement il connaît ses alliés du coin.

Au terme de la soirée, Émile examine les résultats régionaux avec un air de satisfaction. En ce qui a trait aux Villes-Frontières, c'est une victoire dans une proportion de 4 pour 1; quant au comté d'Essex-Nord, la proportion passe à 7 pour 1. Seul le canton de Tilbury-Ouest a majoritairement voté « sec ». Le rouquin passe fêter ça au Navy Cut. Le Rat l'accueille, toujours taquin.

— Alors, Madame a fait du bon travail?
— T'as vu les chiffres pour le coin? Le tout St. Clair Beach pense comme son Prince.
— Parce qu'ils ont un château qui sait quoi leur offrir.
— En tout cas, il y en a ce soir qui chercheront peut-être à s'offrir quelque chose de plus fort qu'un Cincinnati Cream pour noyer leur peine.
— Ici le choix ne manque pas. Qu'est-ce qu'on peut te servir?

Jusqu'aux petites heures de la nuit, les clients s'arrêtent à l'hôtel pour célébrer leur victoire. Eddie paie la traite à tout le monde et Vicky sert chacun et chacune en leur offrant son plus beau sourire. À la fin des réjouissances, Fredie décide de passer faire un tour dans la rue Pitt pour voir sa grande blonde… ou une brebis de son troupeau. Barry, qui a rejoint Émile après une semaine d'absence dans les airs, se montre très cajoleur. Les deux s'entretiennent vivement avec Eddie et Vicky, surtout que les clients ont maintenant vidé la place. Le Prince regarde le rouquin et le Noir, puis les invite à passer le reste de la nuit dans son hôtel. En se couchant, Vicky ne peut s'empêcher de passer une remarque sur Barry.

— Chocolat qu'il est beau!
— Inutile de lorgner de ce côté-là, ma Reine.

119

Les fêtards du Navy Cut se sont emportés un peu trop vite. L'Ontario n'est pas uniquement le Sud-Ouest. Aussi le vote des autres régions pèse-t-il lourd dans la balance. Eddie, Vicky, Émile et Barry l'apprennent en écoutant la radio le lendemain matin. D'une voix neutre, l'annonceur commente les résultats du plébiscite et fait écho à des chiffres moins réjouissants pour les modérationnistes des Villes-Frontières et du comté d'Essex. Sur un peu plus d'un million de personnes ayant exercé leur droit de vote, seulement 483 038 d'entre elles ont appuyé la proposition du Premier ministre Ferguson d'ouvrir des magasins d'alcool contrôlés par le gouvernement. Il se trouve encore 519 962 Ontariens et Ontariennes en faveur de la tempérance.

Émile se console en comparant les données de 1919 avec celles de 1924. Dans l'espace de cinq ans, la situation a passablement évolué, la majorité de 400 000 tombant à 37 000. «Cela fait donc 363 000 prohibitionnistes de moins», se dit-il d'un air résolument optimiste.

Mais le temps est-il vraiment à l'optimisme sur les bords du lac Sainte-Claire, dans le salon-bar de l'Hôtel Navy Cut?

DIX-SEPT

L'année 1924 s'envole, comme Fredie à bord de ses avions, et l'année 1925 atterrit sur une piste pavée d'argent, du moins pour ce contrebandier qui ne formule plus de résolutions du jour de l'an, sauf celle d'augmenter davantage ses profits. On le voit de moins en moins au Navy Cut, où Eddie agit désormais comme seul et unique patron, abandonnant ses anciennes activités de l'autre côté de la rivière.

On dit que l'occasion fait le larron. Nul n'est mieux placé pour le savoir que Le Rat. Toutes sortes d'occasions, plus alléchantes les unes que les autres, se présentent à lui et rarement décline-t-il l'offre d'alimenter de puissants agents postés aussi loin que Pittsburg et New York. Cela lui permet parfois de joindre l'utile à l'agréable et de voir une partie de balle dans la ville des Yanks. Plus souvent cela cause des soucis à Eddie, surtout lorsque Fredie fait brièvement allusion à des contrats passés avec certains intermédiaires recrutés par Barry, qui joue maintenant un rôle de premier plan dans les affaires de la maison. On ne peut rien lui cacher. Vicky se dit que le beau Noir, au contact du Rat, est devenu pas mal ratoureux... Qui s'y frotte s'y pique.

121

Les clients du Navy Cut, qui ne sont pas au courant des profondes ramifications du commerce d'Alfred Dufour, commentent les récents événements concernant la contrebande à Détroit. Ce n'est plus l'affaire de chers escrocs comme Eddie et Émile, mais bien le lot de bandes organisées et armées jusqu'aux dents qui se répartissent un territoire jalousement gardé. Bandes rivales dont les activités suscitent beaucoup d'émoi.

— Paraît que ce sont les Black Diamonds qui ont court-circuité la livraison de 220 caisses, hier soir.

— Probablement pour fournir Al Capone qui dicte une bonne partie de leurs agissements.

— Savais-tu que les Diamonds existent depuis très longtemps? Ça remonte même à leurs années d'école. Ces gars-là ont commencé par voler la crème glacée des enfants, puis les fruits chez les marchands...

— Qui n'osaient pas riposter de peur de subir leurs représailles.

— Justement. Alors ils ont fait la loi partout où ça leur chantait.

— Jusqu'à ce que les Têtes de marteau arrivent.

— Les gars de St. Louis?

— Oui, cette bande perpétrait un vol après l'autre et assommait ses victimes d'un coup de marteau. Puis ce furent les vols de banques, plus lucratifs.

— Et maintenant le réseau de distribution d'alcool.

— Évidemment! Lorsqu'ils ont appris l'argent qu'on pouvait faire de ce côté-là, ils sont venus s'installer à Détroit.

— En guerre maintenant contre les Black Diamonds.

Avec ces bandes rivales qui rôdent de par la capitale du Michigan, Émile préfère miser sur ses chevaux plutôt que sur ses œufs. De toute façon, Barry lui trouve quelques clients qui se rendent d'abord aux courses, puis à son appartement pour les provisions d'usage. Profit assuré, danger écarté. Telle pourrait être sa nouvelle devise. Mais il en va tout autrement pour Fredie. On le voit rarement partir sans ses deux ou trois fusils. Sa quincaillerie, comme il dit. En ce moment, Le Rat charge une centaine de caisses dans son avion noir et blanc, dissimulé dans un champ derrière un troupeau de vaches noires et blanches. Seul Barry l'assiste dans sa tâche; trop de complices seraient dangereux dans ce cas-ci, car Fredie s'apprête à livrer une marchandise très convoitée : du Old Log Cabin, le whiskey canadien le plus cher. Pas question de laisser ce convoi sans surveillance; aussi Dufour monte-t-il à bord de l'avion, avec ses caisses et sa quincaillerie. Barry préfère ne pas l'accompagner.

Tout au long du trajet, Fredie marmonne, mâchouille son cigare et s'éponge le front. On le sent nerveux, et pour cause. Il n'aime pas les voyages en avion, ni les contacts directs avec le client. Or, c'est précisément l'acheteur lui-même qu'il doit rencontrer à sa descente de l'avion. Celui-ci tient à vérifier le stock de ses propres yeux, de ses propres lèvres, et à s'assurer qu'on lui vend bien du Old Log Cabin. La seule chose qui rassure Le Rat, en ce moment, c'est qu'il aura à transiger avec un homme direct et pas compliqué, même jovial, si sa mémoire est bonne. Lors de leur premier entretien, le Canadien trapu et l'Américain svelte s'étaient sentis tout de suite sur la même longueur d'ondes. Pourvu qu'il en soit encore ainsi, murmure Fredie.

Le bimoteur baisse graduellement d'altitude et s'approche d'une modeste piste improvisée pour les besoins du commerce «international». Quelques lumières clignotent en guise de signal, puis l'appareil se pose cahin-caha. Dufour aperçoit deux ou trois voitures qui se dirigent vers lui, puis d'autres encore. Pourquoi tout ce monde pour prendre livraison de seulement 220 caisses? Ils sont pas moins de dix-huit hommes debout à l'attendre. Avant de descendre, Le Rat cherche la mince silhouette de son acheteur, mais en vain. À tout hasard,

il place son pistolet de calibre .38 dans la poche de son paletot, prêt à faire face à la musique, et va à la rencontre des…
Têtes de marteau.

— Haut les mains !
— Maudite marde !
— Un pas de travers et tu retournes au Canada criblé de
balles.

On lui vole son revolver, sa boisson et sa dignité de contrebandier. Des sueurs froides lui coulent pour la première fois
dans le dos. Tout était pourtant sous contrôle. Tout avait été
vérifié deux fois, par lui et Barry. Le Rat se demande bien
comment son système a pu flancher et quelle erreur il a pu
commettre. Il comprend maintenant pourquoi tant de voitures
sont au rendez-vous. En peu de temps, les quelque dix-huit
hommes vident l'avion de sa cargaison et filent dans la nuit
avec le précieux liquide. Fredie semble reconnaître un dessin
sur le coffre arrière d'une voiture. Oui, il s'agit bien d'une tête
de marteau.

— Maudite marde ! Pis du Old Log Cabin à part de ça !

Freddie arrive aux petites heures du matin à l'Hôtel Navy
Cut. Toutes les lumières sont éteintes, sauf celle dans la salle
du fond, son bureau. Eddie l'attend, occupé à calculer les frais
d'une dépense inattendue. Il fronce les sourcils lorsque Le Rat
entre.

— Encore debout !
— J'aurais préféré me coucher, mais je n'ai pas eu le
choix.
— Comment ça ?
— Tu sais très bien ce que je veux dire.
— Il est venu jusqu'ici ?
— Oui. À la recherche de son whiskey, de celui que tu
devais lui livrer sans faute aujourd'hui.

— J'ai eu une malchance. Mais c'est la première fois, Eddie. Ça peut arriver, tu sais, même quand on prend ses précautions.

— En tout cas, c'est le Navy Cut qui a payé la note.

— T'as remboursé le gars?

— Non, il voulait du stock, pis le meilleur. La réserve est presque vide. Plus de whiskey: ni Old Log Cabin, ni Old Crow, ni Corbey.

— Inquiète-toi pas. J' vais remplacer ça demain.

— Vaudrait mieux aussi remplacer tes stratégies.

— …

— Je monte. À demain.

— Attends une minute. Est-ce que Barry était ici quand le gars de Détroit est venu?

— Non. Pourquoi?

— Oh! …rien. Bonne nuit.

Soirée ratée pour les deux associés. Outre la perte de plusieurs milliers de dollars, la réputation de l'un est entachée et la confiance de l'autre est ébranlée. Mais, le lendemain, Vicky arrive avec une nouvelle de nature à remettre le sourire sur les lèvres de tout le monde, Eddie au premier chef. La Reine est enceinte. Le Prince espère que ce sera une princesse.

DIX-HUIT

Contrairement à Eddie qui ne tire pas les vers du nez de Fredie, même après l'incident du whiskey Old Log Cabin, Émile cherche à savoir ce que brasse Barry. Celui-ci ne l'invite plus à Détroit et passe de moins en moins souvent le voir à Windsor. La plupart du temps, les deux amis se rencontrent au Navy Cut, prennent un verre avec Le Rat et Le Prince, bavardent avec La Reine qui embellit à chaque mois de sa grossesse. Et la soirée se termine par un conciliabule dans la salle du fond, d'où sont exclus Édouard, Émile et Vivianne.

Quelque chose ne tourne pas rond, mais le rouquin aurait bien du mal à mettre le doigt sur le problème.

Barry laisse entendre que la perte de boisson, aux mains des Têtes de marteau, demeure une simple malchance. C'est maintenant chose du passé, d'autant plus que les voyages effectués depuis un an ont généré des profits au-delà de toute attente. Fredie partage entièrement son avis, lui qui encaisse de larges dividendes. Les deux hommes travaillent côte à côte et passent des semaines entières sans voir les habitués du Navy Cut. Si Le Rat trouve le temps de faire un tour dans la rue Pitt,

Barry semble trop occupé pour retourner les appels d'Émile, encore moins pour lui rendre visite.

Les choses en sont là à l'été de 1926, lorsque La Reine met au monde une mignonne petite fille. On la nomme Claire, en l'honneur du lac près duquel elle a été conçue. La venue de Princesse Claire donne lieu à toutes sortes de réjouissances, dont une grande fête à l'Hôtel Navy Cut. Puis la vie reprend son cours, comme les eaux achalandées de la rivière Détroit. Du côté canadien on se prépare à voter, non pas une, mais deux fois en trois mois. Des élections générales se tiennent le 14 septembre, suivies d'un scrutin provincial le 1er décembre. Barry se fout royalement de ces histoires politiques d'outre-frontière; Fredie n'a pas de temps à perdre avec des appels au peuple qui ne veulent rien dire en ce qui concerne ses profits; Eddie et Émile s'intéressent peu à la campagne fédérale, mais suivent de plus près la cabale provinciale.

Au niveau fédéral, le Premier ministre Meighen tente éper-dument de se faire réélire; il parcourt le pays entier et s'arrête même, à trois jours du scrutin, au Windsor Armouries où quelque dix mille personnes se précipitent pour l'écouter. Les comtés d'Essex-Ouest et Sud lui sont pratiquement acquis, mais celui d'Essex-Est demeure plus litigieux. Le député sor-tant, l'honorable Raymond Morand, livre une bataille serrée contre son adversaire libéral Edmond Odette. Celui-ci mène une campagne du tonnerre en se servant de la presse écrite et électronique, ses messages étant diffusés sur les ondes de la radio locale CKCW et occupant des pages entières du *Border Cities Star*. Chaque parti tient ses assemblées publiques et les candidats de la région défilent devant les électeurs, qui coiffé d'un chapeau Rialto, qui arborant un couvre-chef Meadow-brook. Véritable parade de mode.

Le soir du 14 septembre 1926, les conservateurs sont défaits et Mackenzie King reprend le pouvoir, après une absence de trois mois seulement. Meighen mord la poussière dans son propre comté, tout comme les ministres Patenaude, Fauteux et Paquet au Québec, ainsi que Morand en Ontario. Si Odette ramène Essex-Est dans le giron libéral, les autres comtés de la région préfèrent demeurer dans le clan conservateur. Indigo ou vermillon, se dit Le Rat, c'est du pareil au même. De la bouillie pour les chats!

L'élection provinciale suscite un intérêt plus marqué sur les bords du lac Sainte-Claire et de la rivière Détroit car elle porte, encore une fois, sur la prohibition. Les conservateurs d'Howard Ferguson savent que les mentalités changent, même en Ontario, et que la tempérance n'est plus la vertu première des électeurs. Aussi ont-ils légalisé la vente de la bière à 4,4 % d'alcool, un an avant de mettre en branle leur campagne électorale. Et Fergie's Foam, comme on appelle cette boisson, devient un bonbon électoral on ne peut plus rentable. Dans le comté d'Essex-Nord, où est situé l'Hôtel Navy Cut, le scrutin n'a même pas lieu, le candidat conservateur Paul Poisson étant élu sans opposition. Émile, qui a suivi attentivement le déroulement de la campagne dans les Villes-Frontières, se félicite des résultats. Au lendemain du scrutin du 1er décembre 1926, la province rejette majoritairement la loi désuète sur la tempérance. Qui plus est, pas un seul des trente candidats prohibitionnistes en lice ne réussit à se faire élire. Occasion comme une autre de festoyer. Fredie et Barry sont de la partie, mais célèbrent un autre événement.

— Y a pas de doute, Barry, c'est le contrat du siècle. Va falloir louer au moins deux autres avions pour livrer la marchandise. Ton contact est de première classe.
— Et ma commission aussi, j'espère.
— Cette fois-ci, mon ami, on y va 50-50. Après tous tes bons tuyaux, il est juste naturel que tu sois mon partenaire à part égale.

— Je ne dis pas non. Tu sais, Fredie, qu'on peut faire la même chose à Chicago.

— Je doute qu'on réussisse à monter un pareil coup sur le territoire de Capone sans y perdre quelques plumes. Remarque que le gars me fait confiance; il me l'a même dit ici, dans mon propre hôtel.

— C'est une question de tirer les bonnes ficelles. Laisse-moi agir et tu verras comment on peut faire manger qui on veut dans notre main.

Trois bimoteurs remplis à pleine capacité décollent en ce début de décembre, survolent le lac Érié et se posent aisément, presque élégamment, sur la piste d'un petit aéroport privé à la frontière des États de New York et de Pennsylvanie. Pas de bandes rivales aux alentours. Pas de hold-up cette fois. Les chefs se serrent la main, échangent quelques brefs propos et l'opération se met aussitôt en marche. Des camions démarrent et avancent en file indienne; de part et d'autre, les hommes de confiance sont prêts à charger le stock, sous l'œil vigilant d'une garde armée, et à conduire le tout, également sous bonne garde, à un entrepôt secret qui fournit les meilleurs établissements de New York City. Noël et le jour de l'an ne seront pas fêtés à sec.

* * *

Pendant que la neige et la glace couvrent à la fois les champs des cultivateurs et les pistes de fortune des contrebandiers, reléguant temporairement machinerie agricole et avions de commerce aux hangars, Fredie est presque tenté de reprendre ses anciennes activités sur la rivière. Mais le souvenir de ces nuits au volant de vieilles bagnoles, enjambant d'immenses crevasses en équilibre sur de précaires traversins, lui fait vite changer d'idée.

— Te souviens-tu, Eddie, de tes premières excursions sur le traversier, ceinturé de bouteilles?

— J' comprends! Imagine-toi donc que je faisais même chauffer ces petites bouteilles plattes, en hiver, pour ne pas geler tout rond, debout au grand froid.

— Te rappelles-tu de la fois que j'avais reçu des valises pleines de boisson enveloppée dans des soutiens-gorge? Y en avait assez pour fournir toutes les maisons de la rue Pitt!

— Pis de la fois qu'on m'avait envoyé un poney parce que les caisses prenaient tellement de place qu'un cheval n'aurait jamais entré dans ce wagon-là. Émile n'avait pas fait fortune aux courses avec cette monture- là. Son neveu, par contre, était bien content du cadeau inattendu.

— La plus drôle, c'est quand le gars de la police provinciale a mis le pied sur un carton d'œufs que t'avais ramené de chez Émile. Il s'est excusé, a offert de payer les dommages et s'est même pas aperçu que les œufs étaient pas mal clairs.

— La meilleure, quant à moi, c'est lorsque ton adjoint a fait couler le bateau dans lequel il était lui même assis, au milieu de ses caisses. Les patrouilleurs l'ont sorti de l'eau sans regarder plus bas.

— Quelle époque! J' te dis qu'on en a fait du chemin depuis six ans.

— Le moins qu'on puisse dire, Fredie, c'est que tu en as roulé un coup avec tes bateaux sur le lac, tes chars sur la glace, tes wagons sur les rails du CPR, pis tes avions sur des pistes en or.

Mais pierre qui roule n'amasse pas mousse.

DIX-NEUF

L'hiver ne lâche pas prise et ralentit une certaine économie transriveraine. Mais dans le cottage bien à l'abri du froid, sur les bords du lac Sainte-Claire, on ne se plaint pas de ce répit. Princesse Claire fait ses premiers pas devant une cheminée où crépite, pour elle, un véritable feu d'artifice.

Au cours de cette froide saison, Barry mûrit son plan, secrètement à l'écart des autres. On le voit rarement au Navy Cut. Il disparaît même de la circulation pendant tout le mois de février, prévenant ni Émile ni Fredie de son départ. Le premier n'est pas surpris, mais le regrette. Le second ne s'étonne pas, mais demeure un peu anxieux. Il imagine son partenaire à Chicago, en train de mettre au point les derniers détails d'une stratégie qui doit rapporter, lui a-t-on promis, une fortune colossale. Mais pourquoi tant de cachotteries ? Et pourquoi vouloir agir en cavalier seul ? Le Rat n'aime pas les situations où il joue le rôle de second violon. Il préfère de loin tenir le gros bout du bâton. Seule la perspective de toucher des centaines de milliers de dollars en une expédition, en un vol, lui fait accepter son statut temporaire de numéro deux.

À la mi-mars, l'Américain refait surface au Navy Cut et se montre en pleine forme. Son enthousiasme tient bon devant Fredie qui le bombarde de questions. Comme un air printanier, sa jovialité embaume l'hôtel. Même Émile retrouve le Barry doucereux d'antan. Eddie n'ose pas trop l'interroger, de peur de se mêler de ce qui ne le regarde pas. Vicky, qui lui tend une joue et Claire pour chacune une bise, maintient que le survenant affiche toujours le même regard. Il mérite lui aussi un surnom, se dit-elle en laissant Le Rat discuter privément avec son cher partenaire.

— Chicago est d'accord sur toute la ligne. Chacune de tes conditions a été acceptée.

— Le nombre de caisses, le prix, la date et le lieu de livraison?

— Pas de problème. Y a juste un petit changement au plan initial.

— Mais tu viens de me dire que tout marche comme prévu.

— T'inquiète pas. La seule chose qu'il souhaite c'est de te rencontrer une semaine avant la livraison. Question de tout vérifier avec toi personnellement. Je leur ai dit oui, sachant que tu préfères contrôler tes propres affaires.

— J'aime autant ça de même. Je commençais à penser que ce n'était plus 50-50. Alors je vais à Chicago le 15 du mois prochain?

— Le 15 avril 1927. Date à retenir.

*   *   *

Alfred Dufour, alias Le Rat, monte à bord d'un bimoteur vide; seul le pilote l'accompagne. Ils se sentent un peu perdus dans cet avion ordinairement plein comme un œuf. En passant au-dessus de la rivière, Fredie compte le nombre de bateaux. À peine une douzaine. L'activité semble au ralenti en ce Vendredi saint. Tout au long du trajet dans un ciel pommelé, le contrebandier se plaît à imaginer ce qu'il pourra faire avec les centaines de milliers de dollars sur le point d'être empochés. Les idées mirobolantes se succèdent au même rythme que les nuages. Un rêve après l'autre s'échafaude. Mais un seul projet retient son attention: un établissement aussi luxueux que le Cooper Court de Walkerville. Un Fredie's Inn pour l'immortaliser.

À sa descente de l'avion, Dufour est accueilli par une personne intermédiaire qui montre patte blanche en donnant le code convenu. Puis on le conduit à un hôtel minable. Au moment d'entrer dans la chambre, Le Rat sent la soupe chaude. Trop tard. Il est aussitôt remis entre les mains de trois ou quatre bras forts qui le tarabustent, puis le tabassent un peu avant de le menotter dans un coin. Arrive ensuite un quelconque sosie d'Al Capone qui vient confirmer ce que Fredie sait déjà. Enlèvement de première classe. Les kidnappeurs connaissent tous les détails de son commerce depuis trois ans, jusqu'au dernier cent de ses revenus, y compris ceux de son associé Marentette (il y a plus d'un crucifié en ce Vendredi saint). La valeur marchande du Rat étant nettement établie, voilà le prix que les ravisseurs exigent. Le Prince a quarante-huit heures pour cracher. Sinon, il n'y aura pas de ressuscités à Pâques.

Incrédulité, panique, puis révolte au Navy Cut. Eddie tente désespérément de rejoindre Barry. Vaine tentative. Il ne répond plus. Émile prête son concours et se précipite à l'appartement de l'Américain. Vaine tentative. Il demeure introuvable. Vicky tremble, non de peur mais de colère. Claire pleure, affolée par tant de détresse. Tard dans la nuit de samedi, deux hommes se présentent à l'hôtel pour cueillir la rançon. La belle époque prend fin pour Le Rat, Le Prince et La Reine.

135

Debout dans le salon-bar de l'Hôtel Navy Cut, Émile tire le rideau de la fenêtre surplombant le lac. Fixant alors les lumières lointaines de Détroit, il donne un surnom à celui qui n'en avait pas : Le Judas.

Ottawa, août 1986.

La Prohibition en Ontario

Chronologie

7 avril 1890   – Loi autorisant les municipalités à vendre des boissons alcooliques.

6 février 1894   – Plébiscite ontarien sur la prohibition; aucune suite.

septembre 1898 – L'Ontario est de nouveau en faveur de la prohibition lors d'un plébiscite national; aucune loi adoptée.

29 mai 1902   – Le gouvernement libéral de George William Ross tient un référendum, mais n'obtient pas une majorité suffisante.

29 juin 1914   – Élections provinciales : les conservateurs de James Pliny Whitney reçoivent le mandat d'agir au niveau municipal.

2 mars 1916   – Loi ontarienne sur la tempérance.

mars 1918   – Le Canada adopte une loi nationale sur la prohibition comme mesure temporaire durant la guerre.

20 octobre 1919 – Élections ontariennes : pour le maintien de la Loi sur la tempérance, contre l'ouverture de magasins d'alcool.

décembre 1919   – Le Canada révoque sa loi sur la prohibition, laissant aux provinces le soin d'adopter leurs propres législations.

18 avril 1921   – Plébiscite provincial : une majorité contre le transport de boissons alcooliques sur le territoire ontarien.

23 octobre 1924– Nouveau plébiscite: Loi sur la tempérance maintenue par une faible majorité.

1er décembre 1926 – Aucun candidat prohibitionniste élu aux élections provinciales.

29 mars 1929 – La prohibition ontarienne est remplacée par des contrôles gouvernementaux. Les magasins d'alcool ouvrent leurs portes.

Du même auteur

Aux Éditions Prise de Parole:
Penetang: L'école de la résistance, essai, Sudbury, 1980.

Aux Éditions Bellarmin:
Les communautés religieuses en Ontario français, Montréal, 1984.
Obéissance ou résistance, roman, Montréal, 1986.

Aux Éditions L'Interligne:
Le discours franco-ontarien, recueil de textes, Ottawa, 1985.
Nos parlementaires, répertoire, Ottawa, 1986.

Aux Éditions Asticou:
Bougrerie en Nouvelle-France, essai, Hull, 1983.
Les évêques franco-ontariens, répertoire, Hull, 1986.